無化調ラーメン

MAP

東京・神奈川・千葉・埼玉

はじめに

日々進化を続け、成熟期から安定期に入った感のあるラーメン業界において「無化調ラーメン」は将来の方向性をも指し示す、大きな存在となりつつあります。最近では、全国的に「旨い!」と評判のお店が「無化調」であるケースも増え、それとともに無化調店のご主人のこだわりや、旨さを追求する真摯な姿勢がラーメンファンの心を捉えはじめています。手軽さより、あえて手間のかかる方法を選ぶご主人たち。そこにはラーメンに対する深い愛情とあふれんばかりの情熱が存在するのです。

本書では、全国のラーメンを知り尽くしたフードジャーナリスト・はんつ遠藤氏が取材・撮影・執筆を担当。豊富な知識と取材経験を生かし、「無化調」という新たなジャンルに迫ります。さらにアドバイザーとして、全国の食材に精通し、無化調・無添加などに造詣の深いフードプロデューサー・阪田博昭氏を迎えました。ふたりの強力タッグにより、これまでとはひと味違ったラーメンガイドがここに完成! ラーメン好きな方はもちろん、これまでラーメンと距離を置いていた方まで、幅広い方々にラーメンの新たな魅力を感じていただければ幸いです。

幹書房

小麦栽培・製粉・ラーメン――それぞれのプロが共に麦の成長を喜ぶ姿は感動的。熱き想いがひとつになり、一杯の旨いラーメンが生まれる。（写真左から前田食品・入江さん、原さん、阪田さん）

食に対し、
揺るぎなき信念を
持ち続ける

「無化調ラーメン」を支える生産者たち

本書のアドバイザー・阪田さんが、「無化調」になくてはならない食材たち、小麦・醤油・卵・カツオ節と深く関わる人々をご紹介。食材への誇りと愛情とが満ちあふれるその姿勢、仕事の丁寧さは、現代日本が忘れかけていた何かを、きっと思い出させてくれるはず！

取材・文／阪田博昭

武蔵野の小麦

原 秀夫さん

美しい武蔵野の地において
ラーメンになくてはならない食材・小麦を
真面目に栽培し続ける生産農家

ラーメン店にとって小麦は命である。この小麦という穀物は、もちろんラーメンだけでなく、パンやうどんなど様々な料理に用いられ、生きていくうえで大切な糧《かて》となる。小麦の生産量・国内トップは北海道だが、今回訪れた埼玉県も生産量上位に位置することをご存じだろうか。「朝まんじゅうに昼うどん」と詠われるほど密接な穀物なのだ。

関東平野の内陸部に位置する埼玉県は冬場、北西からの「からっ風」が吹き、晴天が続く。この冬の晴天が麦類の栽培にはうってつけの気候だ。さらにもうひとつの好条件が、武蔵野の雑木林の落ち葉堆肥。これが威力を発揮することも、埼玉県で小麦が栽培され続ける理由のひとつだと言われる。

そうした伝統を守り、真剣に『小麦』と向き合っているのが、今回取材にうかがった原さんだ。原さんの栽培方法の特徴は農薬や化学肥料を極力使わないこと。２００７年までは味わい深く、実に旨い「ハルイブキ」という小麦を育てていたが、２００８年からは「ハナマンテン（東山40号）」という品種を育てている。作付けする地域によって性質に若干の違いは出るが、「ハナマンテン」は単体で中華麺を作ってもコシがあり、なめらかで味もある品種。原さんは、この小麦から「減農薬・無化学肥料栽培」への挑戦を始めた。種子消毒をしているため「無農薬」とは謳えないが、化学肥料は使わない。鶏糞から堆肥を作り、それを肥やしとして与えている。一般に、埼玉県産の小麦は北海道産の小麦より、農薬を使う量が少ないと言えるそうだ。

今回、取材に同行していただいたのは埼玉県の製粉会社・前田食品の入江三臣さん。原さん同様、小麦を支え続けるひとりだ。日夜地道に努力している農家の苦労を誰よりも良く理解し、その想いを無駄にしまいと努力している人物である。

原さんや入江さんから話を聞けば聞くほど、多くの人々に支えられている食材を無駄にしてはならないと再認識できる。そして、この命の糧である食材の恩恵を受け、その素晴らしさと美味しさを消費者へ伝えていく料理人にも、その大切な橋渡しを任されていることへの感謝の気持ちが必要なのかもしれない。

今年も無事に小麦たちは、その青々とした葉を天に伸ばし、燦々と照らす日光を浴びて元気に育っている。そして梅雨に入る手前、収穫の時期を迎える農家の皆さんは今年もまた、忙しい日々を送るのだろう。

職人の仕事が光る、歴史と伝統の醤油づくり。万能調味料として世界で必要とされる味は日本人の「技」の結実

何故、日本人はこの黒い液体をここまで愛するのだろうか。ラーメン業界も例外ではない。

埼玉県には、醤油を醸造している蔵が何カ所もあるが、今回、取材にうかがった『弓削多醤油』は、大正12年創業の大店。農業を行っていた初代当主・弓削多佐重氏が醸造学に興味を持ち、入間市にあった醤油蔵全てを迎え入れて創業したという、200年以上の歴史を持つ由緒ある醤油蔵だ。現当主・弓削多洋一氏はその4代目となる。工場を案内してくれたのは自他ともに認める微生物マニア、販売部の中戸川さん。説明時の嬉しそうな口調に、この仕事への愛情が垣間見え、聞いているこちらも和んでしまった。

弓削多醤油では主に、国産原料の小麦や大豆を使用して醤油を醸造する。もちろん、国産有機栽培小麦や国産有機栽培大豆なども惜しげもなく使用する。そうしてできる、こちらの代表的な醤油が「吟醸純生しょうゆ」だが、この醤油が凄い。通常、加熱殺菌あるいは精密濾過を行い、常温で流通できるようにしないと「醤油」とは呼べない。しかし、この商品は一括表示の名称が「生揚げ」となっており、どこにも「醤油」の文字がない。そう、この「吟醸純生しょうゆ」は、もろみを搾ったままの、「要冷蔵」の液体なのだ。

原材料は同量の国産有機大豆と国産有機小麦、そして海水を干してつくる天日塩。仕込み水には、地下80メートルから汲み上げた水を使っているそう。麹と合わせた後、じっくり寝かせる容器は杉の木桶だ。ここでは、もはや国内に5人しかいないという木桶職人によるものを使用している。木桶内部では、麹菌の酵素によって大豆や小麦のタンパク質がアミノ酸に分解され、数百種類にも及ぶ微生物たちや耐塩性の乳酸菌、そのほかの酵母たちによって、ゆっくり発酵・熟成が進められる。アミノカルボニル反応により徐々に変化させられていく、この黒っぽい液体を口にすれば、複雑な味の奥に潜む、強烈で繊細な旨みを感じることができるはずだ。

無化調料理にとって絶対的に必要なのがこの「旨み」である。そしてもうひとつ大切なのが「香り」だ。厚みのあるその香りは調理前から感じ取ることができるが、調理の際に加熱することで最高の「香り」に生まれ変わる。また、加熱せずに使えば、耐塩性の酵母が生きたまま腸まで届くので、整腸作用などの恩恵も受けることができる。下味として肉を漬ければ、肉質まで柔らかくしてくれる万能の調味料なのだ。

昨今、世界中でこの万能調味料にスポットライトが当てられている。醤油は、わが国が世界に誇ることのできる調味料なのだ。

世界に誇る調味料
弓削多醤油
埼玉県坂戸市多和目475
電話：049-286-0811
http://yugeta.com/

元気一杯に走り回るニワトリたち。多くの緑に囲まれて育つ「彼女」たちは過度のストレスなど感じないだろう。ここ、埼玉県秩父市栃谷の『アクアファーム秩父』は普通の採卵鶏飼育所とは少し違う。

現在、『アクアファーム秩父』が飼育しているニワトリはボリスブラウンが主。ほかに、武甲地鶏・タマシャモ・烏骨鶏などがいる。その特徴的な飼育環境は「放し飼い」だ。よくある屋根つきの「平飼い」、卵を産む機械として扱われるニワトリが問題となる「ウィンドウレス鶏舎（窓がなく、ニワトリたちに限界まで卵を産ませる施設）」などとは異なり、自然に近い飼育環境を整えている。すぐ傍を川が流れる農場には屋根もなく、野のけものから身を守るためのネットがあるくらいなのだ。

こだわりは彼女たちの食事にも。トウモロコシなどの穀物を中心に海草、天然ミネラル、漢方薬といった数十種類もの餌をブレンドした配合飼料を与えるなど、手間と費用をかける。コスト削減で餌の質を下げる養鶏場とは反対に、より良い餌を食べさせる努力をしているのだ。

「卵は味が大切。食べて美味しくなければ話にならない」とアクアファーム秩父の新井さんは言う。卵は、1日4回に分けて採卵し、ひとつひとつ丁寧に手洗いして出荷する。手間と愛情をかけて生まれた「野生卵」は、ハウユニット（白身の盛り上がり）も高く、黄身は指でつまんで持ち上げられるほどしっかりしている。

卵かけごはんや、ラーメンのトッピングである味玉にしても旨いが、麺そのものに練り込んでも少量で効果を表す、この卵。なんと言っても生産量が少なく、入手は困難を極めるが、その味わいには苦労して手にするだけの価値があるのだ。

アクアファーム秩父　埼玉県秩父市栃谷687　電話：0494-22-8228
http://www.akuafarm.com/

放し飼いの野生卵

ピュアなイノシン酸の追求

創業文化五年

丸勝かつおぶし

本社：東京都中野区上鷺宮3-16-8　電話：03-3999-8938
工場：埼玉県東松山市新郷88-74　電話：0493-23-3411
http://www.kezuribushi.com/

日本人のダシ好きは今に始まったことではない。そばやうどん、もちろんラーメンもそうだ。特に無化調スタイルで仕事をするとなると、この節類の存在は重要である。

一八〇八年（文化五年）、『丸勝かつおぶし』は薩摩の屋久島一湊でカツオ節製造業として産声をあげた。カツオ節の持つイノシン酸のピュアな甘みを極限まで追求している会社である。日本人は、このイノシン酸とグルタミン酸の配合による上質なダシの旨みと絶妙な香りをよく知っている民族。だから、これらの特徴を熟知し、うまく組み合わせることが至極の「無化調ラーメン」完成への道となるのだ。

無理を言って工場を見学させてもらったが、圧巻とはまさにこのことだろう。ＨＡＣＣＰ（国際衛生管理基準）でレベル1と認証されている工場は雑菌の進入すら許さない。その工場を舞台に、工場長の柴山さんが熱く語ってくれた。

各地から選りすぐられた原料は、洗浄―スチーム―遠赤外線焙煎―冷却―削りの工程を経て、最良の「削り節」となる。その全工程に、老舗ならではの叡智が活かされていることが、ここの節類の品質が優れている理由なのだろう。

しかし、この業界にも重大な悩みがあると言う。それがカツオ節職人の後継者問題である。職人の高齢化などにより減少しつつある日本の「ものづくり」。今こそ、「無化調職人」は現地の状況を良く知り、この歴史あるダシ文化を継承しなければならないのではないだろうか。単純に素材としての節ではなく、重要な食文化として広く伝えていくことで、そのピュアな旨みの素晴らしさを多くの人に楽しんでもらいたい。保存食の芸術「カツオ節」を使って。

目次

CONTENTS

本書の見方

本書の取材は2008年2月～2008年5月にかけて行いました。これ以後の、営業時間や価格、調味料の変更、またお店の閉店等に関してはご容赦ください。なお、掲載内容の変更、訂正等がお店より寄せられた場合は、弊社ホームページにて随時お知らせいたします。

http://www.mikishobou.com/

表の見方

❶

無化調			
醤　油	吟醸純生しょうゆ、純生しぼりたて（弓削多醤油）／井上古式しょうゆ（井上醤油店）		
味　噌	ー	塩	岩塩（イタリア産）
砂　糖	スプーン印 上白糖（三井製糖）	料理酒	蔵の素（大木代吉本店）
みりん	本みりん（宝酒造）	酢	穀物酢（ミツカン）

❷

❶ 掲載店の化学調味料の状況を表しています。

無化調……調理時に化学調味料を使用しないのはもちろん、仕入れ食材にも化学調味料が使用されていない店です

準無化調…いわゆるキャリーオーバー。仕入れ食材には化学調味料が使用されていますが、調理時には化学調味料不使用の店です

メニューによって使用状況が異なる場合には但し書きを加えてあります。

❷ 店で使用している調味料の一覧です。商品名とともに、製造者または販売者、あるいは原産国を記載しています。記載している商品がすべて無化調というわけではありませんので、ご注意ください。

※記載内容はアンケートと取材によって店から得た回答によるものです。店の事情によって変更される場合もありますので、アレルギー等深刻な身体問題をお持ちの方は、あらかじめ店へ確認していただくことをおすすめします。

※本書における「化調」「化学調味料」とは、グルタミン酸ソーダ（アミノ酸等）を意味します。添加物に関しては、今回の取材では省かせていただきました。

TOKYO

※地図上の丸数字は、店の位置と掲載ページを表しています

うさぎ

料理人の意地が見える 餃子も無化調の心意気

「無化調で作るのが料理人の腕の見せ所」と店主は笑う。『うさぎ』は、外に可愛いイラストがあるのみの外観で、一見しただけでは、ラーメン店とは気づかない。

　スープはトリプル。まずは鶏ガラメインでゲンコツなども加えた動物系スープ、次に昆布や干し椎茸などを24時間漬けた水出しスープ、そして九十九里産など2種類の煮干しやサバ、宗太節、カツオ節などを煮出した魚介系スープ。これらをこまめにブレンドし、醤油ダレの入った器に注ぐ。それだけだとアッサリしすぎているので、甘さとコクを出すためにネギ油と鶏油をブレンドしたものと背脂を加え、揚げネギ、長ネギもパラリと上から。麺はそれぞれスープとの絡みを考慮し、中細縮れのラーメン用と、太めのつけ麺用の2種類を用意。チャーシューは肩ロースを炭火で炙る。

　店主の真剣さは、肉ワンタンや餃子にも表れる。餃子を無化調で作るのは難しいが、彼はそれをやってのけた。まずは何もつけずにひと口。分かるだろうか、餡にラーメンスープが練りこまれていることを。なんとも手間と原価がかかる話だ。「儲ける気がないんです」と店主。「真っ当なものを出したい」と、さらっと言ってのけるところに確かな料理人の腕を感じる。

手作り餃子…350円／もちもちした皮とジューシーな餡。5個でこの価格はお得だ

食材あれこれ

天然酵母たっぷりの、昔ながらの製法を守った井上醤油店の醤油を用いるので、自然な味わい

無化調	
醤油	井上古式しょうゆ（井上醤油店）
味噌	ー
塩	五島灘の自然海塩
砂糖	てんさい糖（ホクレン）
料理酒	蔵の素（大木代吉本店）
みりん	三州三河みりん（角谷文治郎商店）
酢	穀物酢（ミツカン）

わんたんめん…880円／爽やかな魚介の風味を動物系スープが下支え。古式しょうゆを使用し、醤油本来のキレと深みを感じさせる。具材の肉ワンタンはちゅるんとした皮がよく、炙り焼きチャーシューも香ばしい！

大きさの違う3つの寸胴をこまめにブレンドするため、動物系と魚介系の風味がバランスよく溶け込む

店主の山田夏大さんは成城大学法学部卒。イタリアンやラーメン店、おでん割烹などで修業を積んだ

轍

味玉つけめん…900円／今流行の、濃厚で極太のつけ麺とは正反対の爽やかなる一品。さらりとした自然な旨さが汁を構成している。小麦粉の風味とコシのある麺もツルリと食べやすい

節類は鹿児島の本枯節や土佐のカツオ節、サバ節、日高昆布、長崎や銚子、瀬戸内の煮干しを使用している

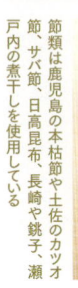

当初は自信がなく、厨房に半分隠れながら「お客が来なければいいと思った」と笑う林葉子さん

自然食品を研究し　安全を真っ先に追求

「化学調味料で生きた旨みは出ません。だから選択肢に入っていないのです」

笑いながら、そして真剣に女店主は言った。それが開口一番の言葉だ。

神泉駅から徒歩30秒と近いが、通りより少し階段を降りたところにある『轍』は、隠れ家的雰囲気も漂う店。カウンターのみの店内は、ほのぼのとした空気に溢れている。

店主は専業主婦だった頃から自然食品を研究、使用していたため、ラーメン店を始める時も、食材のキーワードには「安全」が真っ先に来たそう。製麺所に特注の麺も、国産100%の小麦粉に内モンゴル産天然かん水を指定して打ってもらっている。他の食材もオーガニックが主体。調味料もオーガニック小麦が原料の白醤油や、オーストラリアの自然塩、担々麺に使用する油もイタリア産のヒマワリ油など、体に良いものしか使わない、まっすぐさ。スープ作りも酸化還元水を用いて行っている。「そんなやり方だから、儲からない」と笑う。

目下の懸念は日本酒に入っている醸造アルコールと、煮干しに使用されているビタミンEなどの酸化防止剤だとか。そこまで気を使うラーメン店だ。こんな店がもっと増えたら、ラーメンは今以上に、楽しくなるだろう。

麺は、国産小麦粉100%、内モンゴル産天然かん水使用の保存料無添加麺。最近、製麺所を板橋大栄食品に変えたそう

無化調

醤油	たまさ醤油（宮醤油店）／オーガニック小麦の白醤油（国産）		
味噌	ー		
塩	オーストラリア自然塩／インカの塩／宮古島の塩　など8種類		
砂糖	沖縄の黒砂糖	料理酒	清酒
みりん	麹発酵の本みりん	酢	お米で作った純なお酢（ミツカン）

らーめん はやし

コックのような店主のふくよか鶏醤油ラーメン

味玉らーめん…800円／洗練されたとろみと鶏の旨みを魚介ダシが下支えしている。ラーメンは、その見た目も美しい。味付卵は奥久慈産の卵を使用している

店外では小粋な白い暖簾が風になびき、店内ではコックのような出で立ちの店主が腕を振るっている。店主は「ダイニングバーをしようと思っていたのに、ラーメン好きがこうじてラーメン店に」と打ち明けてくれた。

国産鶏をメインにゲンコツなども使用するスープは、前日に10時間かけて作って冷蔵庫で冷やす。そして翌日、昆布や煮干し、サバ、カツオの厚削りなどをプラスし、鶏モモ肉も投入して仕上げる。特に煮干しは、長崎産1種類と九十九里産2種類を使い分け、油や味を調節しているこだわりようだ。

そんな店主の思い入れが詰まった、ふくよかな味わいの鶏醤油ラーメン。三河屋製麺の中太ストレート麺もしなやかだ。味付卵や焼豚などのトッピングバリエーションはあるものの、メニューは基本的に「らーめん」のみ。その潔さも、また凄い。

写真上／「簡単と思ったラーメン作りも奥が深くて、開店が3カ月延びた」と店主の林真剛さん　中／節類は、評判のいい『マルサヤ』などから仕入れている　下／おしゃれな和風モダンの店内は、渋谷という街にぴったり

無化調

醤油	特選丸大豆しょうゆ（キッコーマン）		
味噌	ー	塩	伯方のあら塩（伯方塩業）
砂糖	スプーン印 中ザラ糖（三井製糖）	料理酒	順風（メルシャン）
みりん	マンジョウ 本みりん（キッコーマン）	酢	千鳥酢（村山造酢）

AFURI

透き通る塩スープに2種類の麺をお好みで

かつて恵比寿といえば環七通りとともにラーメン激戦区として名を馳せた土地。今は池袋や高田馬場など新激戦区が注目されているが、相変わらず恵比寿にもラーメン店は多い。『AFURI』は神奈川にある「ZUND-BAR」の姉妹店。個性的な飲食店や雑貨店などが多い地にふさわしく、スタイリッシュな店構えだ。席同士の間隔が広いカウンター20席の店内は、外観から受ける印象よりも奥行きがある。

おすすめは「塩らーめん」。動物系でスープを取った後、煮干しやサバ、カツオなどを合わせてゆっくり煮出した透き通る塩スープに、長ネギの香味油がさらっと溶け込む。麺はすする喜び溢れる細ストレート麺と、ツルリとした舌触りも楽しい真空平打ち麺の2種類。ダイナミックな湯切りの店長以下、各パートに分かれたスタッフの見事な連携プレーも必見だ。

写真上／店長・熊沢武士さんの踊るような湯切りが、硬めでのど越しのよい麺を完成させる　中／店内はスタイリッシュな和の空間　下／動物系スープに煮干し、サバ、カツオなどの魚介を合わせるが、各食材が突出せず、バランスよく手をつないでいる

塩らーめん…750円／美しい色鮮やかなフォルムの一杯には、丹沢山系阿夫利山の麓から湧き出る井戸水を用いたスープが。炙り焼きチャーシューも香ばしく、水菜もシャキシャキとした歯ごたえ

無化調			
醤油	日本のメーカー		
味噌	日本のメーカー	塩	非公開
砂糖	非公開	料理酒	非公開
みりん	非公開	酢	非公開

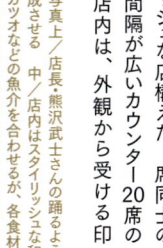

嗟哉

厳選食材はもちろん、自家製麺にもこだわる

一般に、ラーメン店は営業時間が長く、仕込みと片付けもあるため大変な重労働だ。しかもこちらは自家製麺。お客にとっては嬉しいが、ご主人の苦労は計り知れない。麺はオーストラリア産の小麦粉と讃岐うどん用の小麦粉に、タピオカでんぷんと卵黄などを合わせ、昼は細、中細、平打ちの3種類を用意。店主は秋葉原にあった『玄』の出身で、開店当初は支店としてスタート、その後独立した。スープは徳島の阿波尾鶏や宮崎の日向鶏のガラをメインにした動物系に、九十九里産の煮干しや枕崎産のカツオ節などを合わせる。一方、「塩つけ麺」の塩だれは、福建省の福塩やモンゴルの天外天塩とホタテや干しエビ、椎茸、昆布などを一晩浸けた和ダシで作る。

ちなみに夜は『ポークヌードル内藤』という屋号で、背脂醤油ラーメンを提供中だ。

塩つけ麺…680円／うどん的なしっかりした食感の麺に、塩の良さが活きる塩つけ汁。タマネギ、長ネギ、シャロットなどを合わせて揚げたものを投入し、香ばしさもプラスしている

写真右上／昼と夜、別のラーメンを提供する店主の小野里博さんは、元・大工　右下／木目が活きるカウンターのみの店内。あらかじめ、食券を購入するシステムだ　左／ミネラル分が多く、甘みのある福建省の「福塩」を使うなど、塩にもこだわりがある

準無化調

醤油	有機丸大豆醤油（ヤマサ醤油）	味噌	シロコメ味噌（シロコメ味噌）
塩	福塩（中国福建省産）／天外天塩（モンゴル産）		
砂糖	スプーン印 グラニュ糖（三井製糖）　ほか	料理酒	神鷹（江井ヶ嶋酒造）
みりん	昔仕込本味醂（甘強酒造）	酢	リンゴ酢（ミツカン）

わたなべ
店データ▶▶P110

渡なべ

無化調カップ麺もプロデュース

「無化調ラーメンマップ」を作るうえで、特に欠かせない一軒が『渡なべ』だ。

店主の渡辺樹庵さんは学生の頃からラーメンの試作を重ねてこの店を構えた人物で、東洋水産から「無化調塩らーめん」というカップ麺をプロデュースしたこともある。

ラーメンのジャンルとしては「豚骨醤油魚介系ラーメン」。とはいえ、動物系にはゲンコツや豚足のほか、鶏ガラやモミジも用いる。かなり煮込んでかき混ぜて、ザラザラとした骨粉が味わえるまで濃縮したスープに、時間差でサバ節やカツオ節、片口イワシの煮干しなどを投入して作る。醤油ダレには利尻、日高産昆布やカツオ節も合わせ、味に深みをもたせている。

さらに麺も自家製。サンブリッジ、北京竜、ムーンライトの3種類の小麦粉をブレンドし、モンゴルかん水で打った中太ストレート麺は、かなりの硬茹で仕上げだ。

写真上／店舗を任される横山健さんは樹庵氏の同級生。マネージャーとしても腕を振るう　中／澄み切ったまろやかな甘さが広がる白扇酒造の「三年熟成本みりん」　下／節屋の名店『マルサヤ』と共同開発した、特別なる「サバ節」を使用

無化調			
醤　油	丸大豆醤油（タイヘイ）		
味　噌	－	塩	－
砂　糖	－	料理酒	非公開
みりん	福来純 三年熟成本みりん（白扇酒造）	酢	－

らーめん…800円／ざらっとした動物系の旨みに、魚介風味がふわっと粋にのる。流行の魚粉は使用していない。ザックリとした分厚いメンマや、硬茹で中太麺の食感にインパクトありの一杯

旬麺 しろ八

路地裏でキラリと光る滋味溢れるラーメン

新宿といえば日本最大の繁華街。だが、路地へ足を踏み入れれば、そこには昭和的な昔ながらの素朴さも残る。そんな隠れ家的な立地にあるのが『旬麺しろ八』だ。「大家さんがね、ここで失敗しても他でやり直せる。成功したらどこででもできるって」と笑う店主。それがこの場所を選んだ理由だそう。

　秋葉原にあった『玄』で修業した彼の作るラーメンは、ゲンコツや宮崎産鶏ガラ、老鶏、モミジなどの動物系と、アゴ、カツオ、サバ、ホタテ、イタヤ貝、九十九里産の煮干しなどの魚介系でとった滋味溢れるスープが特長だ。香りが飛ばないようにと、小さなヤカンに入った鶏油を最後にさっとかける。

　麺も「茹だっているところと芯があるところが楽しめるように」と、平打ちの縮れ麺を茹で時間1分半と短くして、舌触りとのど越しが独特な、コリコリした食感に仕上げている。

　そんなラーメンの味と共に楽しみなのが、店主との会話。店内はコの字型風のカウンターに丸い木イスのみの素朴なつくりで、8人も入れば満杯。なので必然的に店主と仲良くなってしまう。

　小ぢんまりとした屋台的な和める雰囲気も、かえってラーメンの美味しさの一スパイスとなっているのだ。

塩玉らーめん…780円／天然素材がぎゅっと詰まった優しい口あたりの塩スープに、独特のコリコリとした麺。具の昆布もまた、コリコリとした食感で楽しめる。黄身が濃厚な滋養卵を用いた半熟卵もジューシー

「お客さんに聞きながら、試行錯誤の連続だった」と、店主の芳賀八城さん

アゴや大ぶりのホタテ貝柱など、食材も豊富に使用する。時期により食材自体を変えている

モンゴル産の岩塩を使用することで、カドのない優しい塩スープに仕上げることができるそう

食材あれこれ

農薬や化学肥料を使用しない大豆を使い、木桶で2年間熟成した、井上醤油店の「醸し」を使用

無化調	
醤　油	井上しょうゆ「醸し」（井上醤油店）
味　噌	三十七半（坂本商店）
塩	岩塩（モンゴル産）
砂　糖	―
料理酒	旬味（仁井田本家）
みりん	―
酢	―

くだんいかるが
店データ▶▶P111

九段 斑鳩

本物志向が生む一杯は、繰り返される試作の賜物

煮玉子塩本鰹らー麺…870円／カツオの風味がふんわり漂う一杯。麺は4種類を特注しているが、塩は細麺。デュラムセモリナ粉を用いた麺には、本枯れのカツオの粉も練りこまれている

店主はもともとアパレル関係の4代目だった。本物志向の店主ゆえ、「偽者が横行する洋服の世界」が嫌になり、独学でラーメン店主への道を選んだという。

基本のスープはダブルスープ。ゲンコツと鶏ガラなどでとった動物系と、利尻昆布やカツオ、サバなどでとった魚介系を合わせて使う。塩ラーメンでは、そこにカツオスープを加え、トリプルスープで提供している。具材には大麦のカツオまぶしや蓮根を揚げて砕いたものをのせ、香ばしさをプラス。

とにかく試作を繰り返す店主は、「完成品をどこまで変えたら、どこまで味がブレるか」を確かめるため、何度でも試行を重ねるそう。厨房では毎日、きちんと温度計で温度を計りつつ、さらに、試行により培われた経験を加味して、丁寧にスープ作りを行っている。店主の真面目さに敬服する一杯。

写真上／魚介類は築地から仕入れている。最初は「ラーメン屋には売らない」と言われたことも　中／店主・坂井保臣さんの真面目さが反映され、スタッフの接客も素晴らしい　下／黒を基調としたシックな店内。天井も高く、ゆったりとした造り

準無化調

醤油	非公開		
味噌	ー	塩	非公開
砂糖	スプーン印 上白糖（三井製糖）　など	料理酒	非公開
みりん	非公開	酢	非公開

めんやむさしせいざん
店データ▶▶P111

麺屋武蔵青山

「麺屋」屋号の先駆者。進化する創業の味！

「麺屋」という屋号を付けたラーメン店は多いが、その先駆者といえば『麺屋武蔵』だろう。その一号店がこちら。創業当時の味を大切にしつつ、日々進化し続ける店だ。

リーダー的存在であるのには訳がある。まず魚介系にサンマ干しを用いた点、それからエビの頭で作ったエビ油を注いだ点、そして中太のぷっつりとした硬めのストレート麺を合わせた点。さらに動物系と魚介系スープを別々にとり、器の中で合わせる方式も、この店の斬新なアイデア。「ら～麺」という表記も独特なら、気合の入った麺の湯切りも独特だ。オープンから時が経った現在でも、決して古さを感じないラーメンである。まろやかな動物系スープに、強めに効いた魚介ダシ。さらにはザックリした特徴あるメンマや、大きくてしっとりとした肩ロースのチャーシュー。歴史を分かって味わえば、その凄さに今も震える。

写真上／店長の森本徹さん以下、スタッフが一団となって「武蔵ブランド」を守っている　中／独特の和模様が入った椅子など、斬新な和の空間が広がる　下／今でも使用する店舗は少ないサンマ干し。エビ油なども用いる

準無化調

醤油	キッコーキ金印（宝醤油）		
味噌	白味噌（石野味噌）／カクキュー 八丁味噌（八丁味噌）		
塩	伯方の塩（伯方塩業）／瀬戸のほんじお（味の素KK）		
砂糖	スプーン印 中ザラ糖、三温糖（三井製糖）	料理酒	非公開
みりん	本みりん（宝酒造）	酢	ー

味玉ら～麺…850円／前世代のラーメンの印象をガラリと変えた一杯。サンマ干しやエビ油の風味が漂う醤油スープに、やや硬めの、中太で平たい存在感のある麺。とろりとした黄身の味付卵も美味

店データ▶▶P111

ならさん

ワイングラス傾け ラーメンと餃子を

なにもラーメンは単体で食べなくてもいい。それを教えてくれたのが、この『ならさん』である。

入り口には「麺、餃子」の文字。そして店内はカウンター主体のバーのような雰囲気が漂っている。「うちはワイン厨房なんですよ」と店主がいうとおり、ワインが100種類以上揃う店。あの有名なロマネ・コンティのストックもあるのだ。

席についたらまずワインを頼もう。銘柄などが分からなくても大丈夫。話好きでソムリエの資格も持つ店主が、的確にアドバイスをしてくれる。そうしていよいよラーメンの出番。ラーメンは麺とスープのみの「麺」が基本で、そこへ焼豚、チーズ、ルッコラなどトッピングを選ぶシステム。一興なのはオリーブオイルで仕上げたクスクス。ある程度、麺とスープをいただいてから、クスクスをスープに投入して、雑炊仕立てで味わう。早い話が「ワインに合うラーメン」なのだ。

フランス料理やイタリア料理で化学調味料を使用する店は少ない。それはもともとの文化の違いもあるが、ワインに化学調味料が合わないというのも理由のひとつ。「うちでは化学調味料は入れないけれど、ワインがソース代わりなんですよ」と店主が微笑んだ。

ニンニクも青森産を使用。中国香辛料と竹本油脂の胡麻油が効いた「焼餃子」600円。ワインとの相性はピカイチ

無化調	
醤油	有機丸大豆の吟醸しょうゆ（ヤマサ醤油）
味噌	−
塩	なずなの塩（なずなの塩）／イタリア天日塩（LOCORO）／ドイツ岩塩
砂糖	スプーン印 三温糖（三井製糖）
料理酒	純米酒
みりん	−
酢	鎮江香醋［黒酢］、バルサミコ酢　ほか

麺…700円／鹿児島産黒豚豚骨や徳島の阿波尾鶏などをフレンチの技法よろしくローストしてから煮て、魚介を合わせたスープ。醤油ダレにも赤ワインを使用し、細い縮れ麺を合わせたヨーロピアンなヌードル

自分が食べたいもの、飲みたいものをお裾分けする店、と店主の楢本司さん

ブルゴーニュやボルドーをはじめ、様々なワインが揃う。有機ワインも4000〜5000円代から

季織亭

無化調なのはもちろん 無添加をも追求する

人間と健康を結びつける。そんなラーメンが実際にある。場所は小田急線経堂駅から徒歩4分。『季織亭』が、まさしくそれだ。

店主は以前、生命保険会社のサラリーマンだった。脱サラして友人と神戸や滋賀でステーキハウスを経営。その後東京に戻り、神戸牛を用いた弁当店を始め、正常分子栄養学を学び、自然食を追求するようになった。

ラーメンは全て手作り。麺はカナダ産のオーガニック小麦とホクシンの低農薬小麦。かん水は用いず、モンゴル産天然重曹と雪塩で打つ。ベースのスープは岩手の菜彩鶏の丸鶏と十文字の鶏ガラなどでとったダシと、日高昆布や五島列島のアゴ、銚子の煮干しなどでとった魚介系ダシを合わせ、隠し味としてカツオや干しエビなどでとったダシを加え、仕上げる。チャーシューもスープに入れて煮るため、適度な脂分が溶け込んでいる。無化調は言うに及ばず、煮干しなども天日干しで無添加のものを。調味料ももちろん無添加で、特に塩はミネラルたっぷりのタイプを使う。

夜は2階も開放。一品料理や日本酒、焼酎などを楽しみながら、「栄養豊富で、食べて元気になるラーメンを作りたい」と笑う店主と、食材について語り合うのも一興だ。

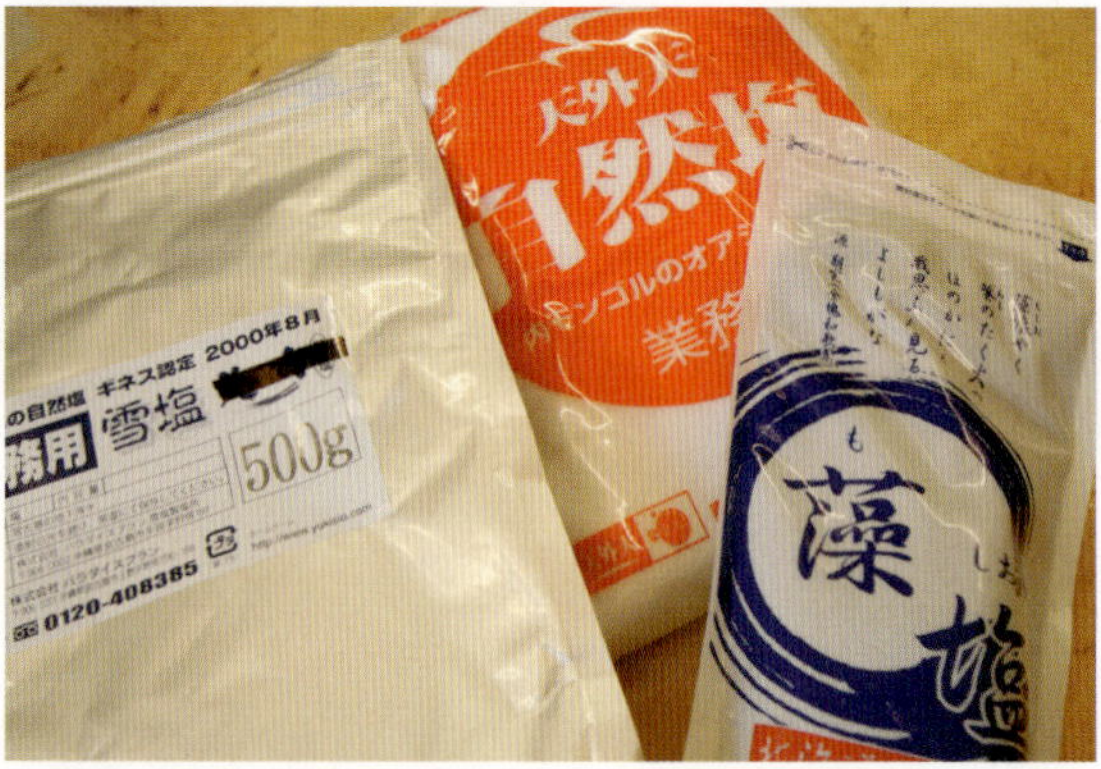

「雪塩」や「天外天自然塩」、「藻塩」などミネラルたっぷりの塩を自らブレンドして使用している

無化調	
醤　油	カネモリ醤油 木桶魂、木おけ生醤油（森山勇介商店）
味　噌	麦味噌（オーサワジャパン）／本醸造味噌（房州岬味噌）／醍醐味（信州青木）　ほか
塩	雪塩（パラダイスプラン）／藻塩（海洋化学研究会）／天外天自然塩（木曽路物産）　ほか
砂　糖	中双糖（増田糖業）
料理酒	米だけのやさしい思いやり（小山本家酒造）
みりん	昔仕込本味醂（甘強酒造）
酢	国産有機マルシマ酢（マルシマ）

イベリコ（ベジョータ）たんめん（ごはん付。昼のみ限定）…1200円／まろやかな白濁スープと小麦の良さが活きる麺。具材として、青森「ファーム山の上ゆうき」から直送の厳選野菜をトッピング

無農薬、無化学肥料のエサで育てた「ＥＭ卵」を使用している

経堂の商店街の副理事長も勤める店主の川名秀則さん。その真面目さが地域活性化にも繋がる

ばんや
店データ▶▶P112

ばんや

老若男女が寄り集う、癒し系ラーメン店

下高井戸駅周辺は昔ながらの八百屋、精肉店、惣菜店などが軒を連ね、ほのぼのとした商店街が形成されている土地。その一角を占める『ばんや』は、老若男女が集う癒し系ラーメン店だ。

特に「健康」を意識したラーメンの特徴は、まず、自然回帰水を使用する点に表れている。そして卵に、ビタミンEが豊富で脂肪吸収を遅らせるという福島の「かぐや媛」を用いるのも然り。

スープはゲンコツや丸鶏などの動物系と、羅臼昆布や日高昆布、煮干し、サバなどの魚介系を合わせるダブルスープ。醤油ダレにも塩ダレにも、無添加のホタテエキスを投入することで、貝の旨みをも加えている。

こちらでは「自然海塩そば」がおすすめ。「沖縄の海水塩」を用いた一杯は、しょっぱさと自然な塩の甘さが楽しめる。透き通るスープに、やや硬めの細ストレート麺を合わせたラーメンは味だけでなく、見た目もいい。

写真上／店主の坂本康彦さんは、吉祥寺の『かぎや』の出身。フレンチでも腕をふるっていた　下／生引たまりや、沖縄の海水塩など調味料もこだわりが

無化調			
醤油	丸大豆しょうゆ（ヤマサ醤油）／生引たまり（サンジルシ醸造）　ほか		
味噌	―	塩	自然海塩（青い海）
砂糖	スプーン印 白ザラ糖（三井製糖）	料理酒	伝承蔵純米酒（キング醸造）
みりん	本みりん（宝酒造）	酢	―

自然海塩そば＋味付玉子…750円／ネギ油や胡麻、そして鶏挽き肉の旨みが、透き通るスープの味に深みを与えている。ちゅるんとした黄身や白身が味わえる半熟卵や、無漂白の穂先メンマなども美味

あいばんらーめん
店データ▶▶P112

アイバンラーメン

日本人より日本人的?! なアイバンラーメン

全国に7万軒とも20万軒とも言われるラーメン店の中でも異彩を放つ一軒。ニューヨークなどでの調理経験を持つ日本語堪能な店主が、丸鶏と魚介を用いた一杯を提供している。「塩ラーメン」は鶏の旨みが活きた、まろやかなチキンスープなる趣き。また、とろみのあるタイプと辛味のあるタイプの2種類の「まぜめん」などが味わえる。特に凄いのは自家製麺である点。切刃24番の細麺と14番の太麺を店主自ら2階の製麺室で打っている。最近のお気に入りは「つけめん」だそう。通常のタイプともうひとつ、「もともとライ麦パンが大好き」というアメリカ人ならではの発想から小麦の香り豊かなライ麦麺も作っている。こう聞くと前衛的な店だと思うかもしれない。だが、実際は近所の人たちとほのぼのの仲良しな、この店。なんとも日本的な空間なのだ。

アイバンのつけめん…800円。ライ麦の味と香りが良い太麺に、鶏＆魚介ベースの、野菜でとろみをつけたややスパイシーでガーリックテイストなつけ汁。限定メニューなので毎日あるとは限らない

写真右上／ローストガーリック麺…700円。ニンニク風味が細麺に絡む　右下／スパイシーレッドチリ麺…700円。チリソースのピリ辛さがよいアクセントになっている　左／ローストトマトも作る店主のアイバン・オーキンさん

準無化調			
醤　油	こいくちしょうゆ、うすくちしょうゆ（ヒゲタ醤油）／こいくち（キッコーマン）		
味　噌	ー	塩	伯方の塩（伯方塩業）　など
砂　糖	スプーン印 上白糖（三井製糖）	料理酒	日本酒［合成酒］
みりん	本みりん（宝酒造）	酢	ー

いちばんや

体が覚える天然食材と無かんすいのラーメン

分かってくれる人が多い街。天然食材などを重視するラーメン店なら、これほど心強い街はない。自由が丘もそうした街のひとつだ。当初、一日30人程しか来なかったお客も、開店から約6年を経た今、週末に200人以上が訪れる人気店へと成長した。「第一印象は薄く感じるらしいけれど、体が覚えていて、また食べたくなるみたい」と微笑む店主。

　真剣さはまず麺に表れる。製麺所に特注のそれは、プライムハード100％の小麦粉を逆浸透膜に通した水で打ち、かん水を使用しない。そしてスープだが、まずは動物系を作る。茨城産ミネラル麦豚のゲンコツや豚足、栃木の熟成昔鶏の丸鶏やガラなどを煮込むこと12時間。さらに魚介系も作る。食材は、築地直送の真昆布や大分産椎茸、千葉産の煮干し、カツオ節、厚削りの宗田節など。特に興味深いのは北海道産のサケ節。これを入れることで甘みがでるのだとか。それらをオーダーが入る毎に、小鍋で温めるのだ。

　ラーメンメニューは「三年熟成醤油」「しろ醤油」「深煎りごまコク」が3枚看板。デフォルトでも食材の良さは堪能できるが、特に「まぐろの香味焼」「味玉」「チャーシュー」の入った「三種入り」はおすすめだ。

しろ醤油三種入りラーメン…980円／小麦と大豆を使わず、米、大麦、塩で作った「米しろ醤油（たつ乃屋本店）」を用いた一杯。マグロも酸化防止剤不使用など、突き抜ける真剣ぶり。器も店主自らデザインした

店主の松浦弘明さんは多忙な人物だが、自ら厨房に立つ

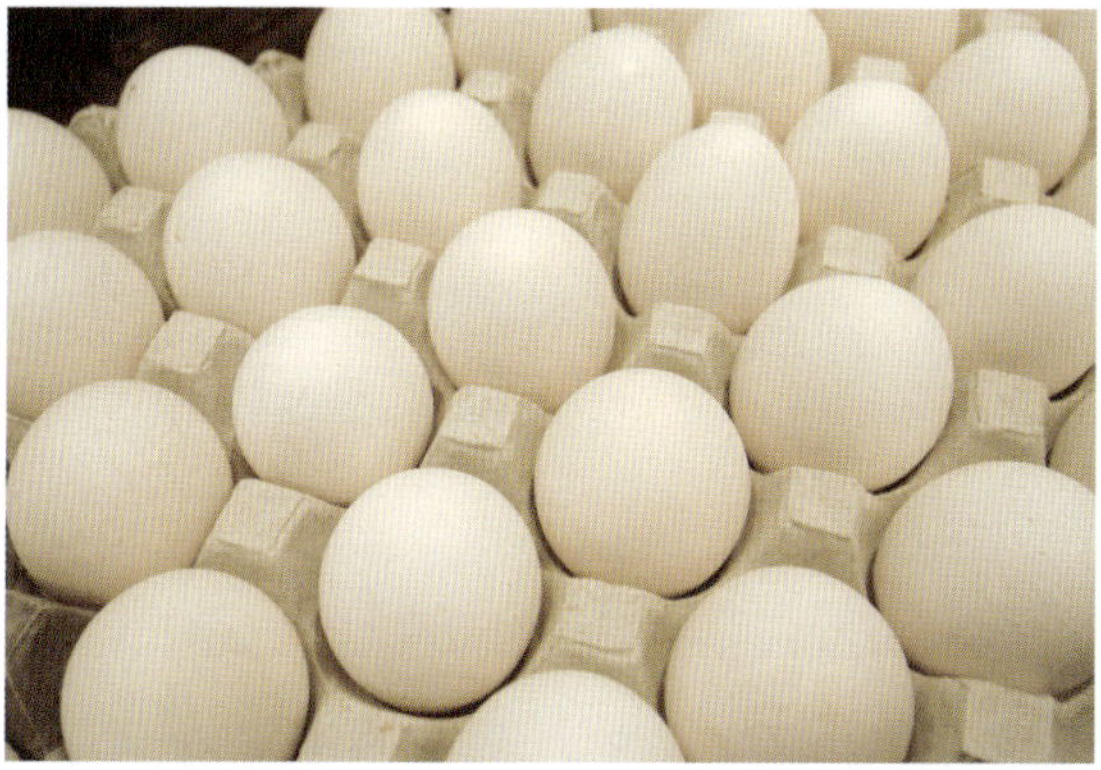

卵には栃木産の安心鶏のものを使用。厳選食材のみを使用するため、スープには何も足さずに味わうのが良い

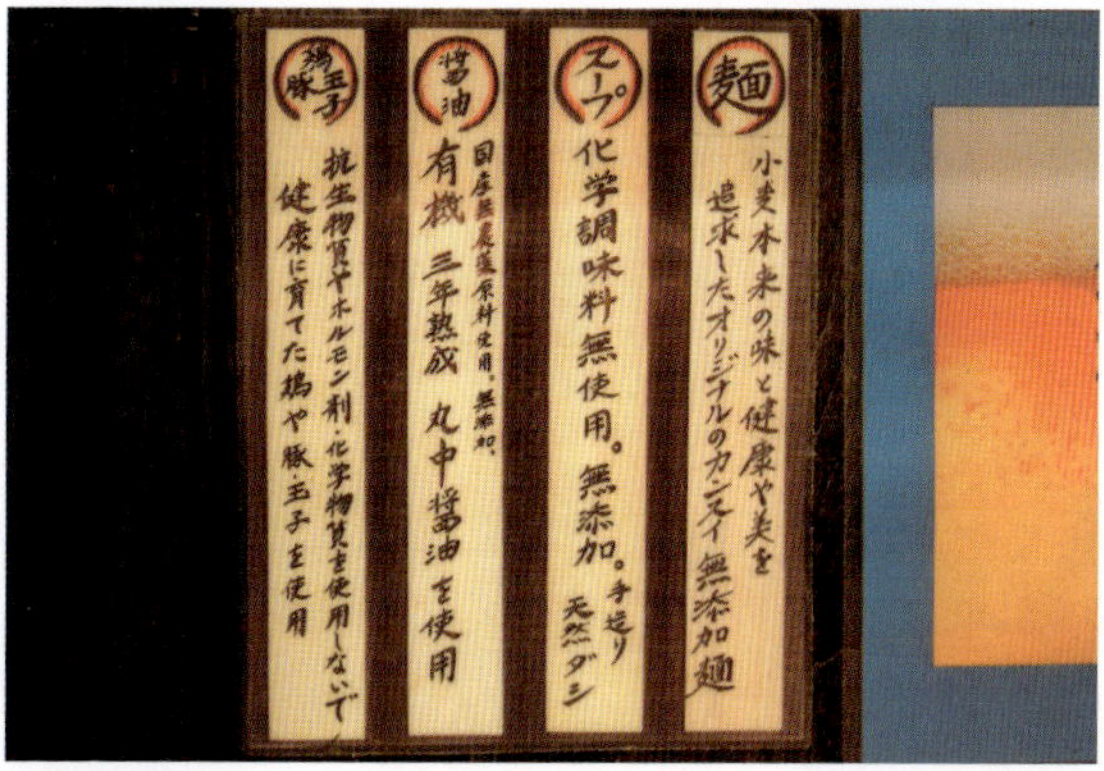

抗生物質やホルモン剤、化学物質を使用しないで健康的に育てた鶏、豚、卵を使用している

食材あれこれ

丸中醤油やたつ乃屋本店などの上質な醤油を。他の調味料もアミノ酸を添加していない

無化調

醤　油	丸中醤油（丸中醤油）／米しろ醤油（たつ乃屋本店）
味　噌	ー
塩	天然海塩（イタリア産）　ほか
砂　糖	国産品を使用
料理酒	米だけのやさしい思いやり（小山本家酒造）
みりん	本みりん
酢	米酢

桃桜林

軍鶏だけの鶏スープに、完全なる手打ち麺

手打ち麺とスープ…1260円／オーストラリア産、国産などの小麦粉をその日の気分で選んで打つ麺に軍鶏100％のスープと、茨城産ローズポークなどのチャーシュー。完全手作りの良さに酔いしれる

「このスタイルで、もう二十数年やってるんだよ！」

品川は中延にある、超有名ラーメン店『桃桜林』。引き戸を開けると、常連客がくつろぐ横長のカウンターと、店主が調理に精を出す厨房が目に入る。工場の経営主からラーメン店への道を選んだ店主は、「始めた理由？　ラーメンなら安直だからさ」とぶっきらぼうに答えるが、ラーメン作りは至って真剣。麺はオーストラリア産や北海道産のハルユタカなど、その時々で良い小麦粉を用い、完全手打ちで仕上げる。スープは軍鶏100％でとったクリームシチューのようなとろみの鶏スープ。調味料やタレも入れられるが、あえてそのまま味わえば、究極の汁麺を堪能できる。

「分かるかい？　素材が良ければ何も足さなくていいんだよ」。そう言って、一見怖そうな店主が微笑む。本物に触れたければ、ぜひ一度。

写真上／常連客で賑わうアットホームさもいい。不定休なので電話が確実　中／実は話し好きな店主の作田新司さん。オーダーを受けてから作る大ぶりの手作り餃子も大評判　下／常連客が置いていった数々の調味料を試すのも、一興

無化調（希望者のみ）

醤油	普通の醤油（ヤマサ醤油、ヒゲタ醤油）		
味噌	ー	塩	粟国の塩（沖縄ミネラル研究所）　ほか
砂糖	ー	料理酒	ー
みりん	非公開	酢	非公開

Zoot

カツオ油に粉末カツオ節。カツオ尽くしの風味が際立つ

シックで落ち着いた和風の佇まいに音楽ジャケットが飾られている、ゆったりとしたL字型の店内。

化学調味料不使用の理由は、入れなくてもできたから。「そんなに食材にこだわっている訳でもないんです」と謙遜するが、小アジを用いる点などに個性が光る。

ラーメンはいわゆるダブルスープだ。豚骨をメインに取った動物系スープと、根昆布やサバ、宗太節、小アジ干しなどで取った魚介系スープを小さな寸胴で合わせておく。ポイントはカツオの使い方。オーダーが入ると、まず器に粉末のカツオ節を入れる。その後にスープを注ぐため、追いガツオと同じような効果があるとか。最後にカツオ油も合わせ、カツオの良い風味をより一層漂わせる。麺は北海道産の小麦粉１００％のものを使用し、中太だがスッキリと食べやすい方向になっている。

写真上／店名はイギリスのバンド「ZOOT　MONEY」から取ったそう　中／佐藤陽一郎さんと秋場大介さんが共同店主。2人の連携プレーも見事だ　下／産地にこだわらず、その時の良いものを厳選する食材。小アジの代わりにエソの時もある

準無化調			
醤油	甘露醤油　ほか		
味噌	ー	塩	赤穂の天塩（天塩）　ほか
砂糖	ー	料理酒	国産品を使用　※随時変更あり
みりん	本みりん（宝酒造）	酢	穀物酢（ミツカン）

味玉らーめん…８００円／口あたりの良い、まろやかな醤油スープに釧路製麺から直送の中太ストレート麺。ちゅるんとした味付卵を噛むと、中からじゅわっと黄身が溢れ出る

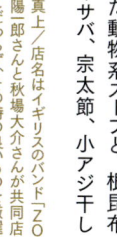

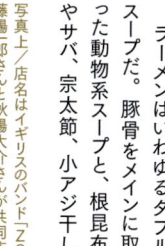

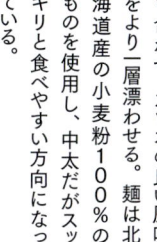

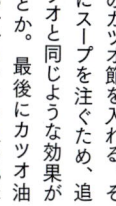

美学屋

じわじわと美しさが増幅する塩スープ

オープンしたのは2004年。既に3年以上経過しているが、店内には開店したての清潔感があり、まるでアメリカンダイナーのような雰囲気でラーメン店らしくない。さぞや内装費がかかっただろうと思いきや、意外にも手作りチック。「照明とかも自分で買ってきたんです」と言う店主の一生懸命さがラーメン作りにも活きている。

『美学屋』のスープはひと言でいえば「鶏の旨み」だ。鳥取の大山地鶏の丸鶏や鶏ガラ、モミジなどをゆっくり煮出したスープと、日高の上浜一等昆布や煮干し、カツオ、サバなどでとったスープ。特に煮干しは長崎産の大きめのものと小さめのものを組み合わせ、味にアクセントを加えている。「塩らーめん」は、そのダブルスープに、ホタテや干しエビなど様々な食材の溶け込んだ塩ダレを合わせ、香味油と鶏油も加えて、さらなるコクを演出している。強烈な個性というよりも、じわじわと美しさが増幅する味わいのスープだ。さらに麺も、コシのある細麺と、もっちりした中太麺から選べ、自分好みの一杯をカスタマイズできるのも嬉しい。

メニューは「塩」「梅塩」のほか、「醤油」や「つけめん」なども。「豚ごはん」もあるので、一緒にオーダーするのもいいだろう。

鳥取の大山地鶏が美学屋のスープの決め手。新鮮な丸鶏やモミジ、鶏ガラなどを使用する

食材あれこれ

ミネラル分豊富な「粟国の塩」とホタテや干しエビなどで作る塩ダレは丸みを帯びたしょっぱさ

無化調	
醤油	特選丸大豆しょうゆ（キッコーマン）／白醤油（ヤマシン）
味噌	―
塩	粟国の塩（沖縄ミネラル研究所）
砂糖	スプーン印 上白糖（三井製糖）
料理酒	料理酒（ミツカン）
みりん	本みりん（ミツカン）
酢	穀物酢（ミツカン）

梅塩らーめん…780円／優しい塩味のスープに、化学調味料不使用の紀州南紅梅のしょっぱさが徐々に溶け、味の変化も楽しめる。国産雌豚のチャーシューもしっとり柔らかな仕上がりだ

煮干しは現在、2種類の長崎産を用いる。組み合わせることで油や風味に幅をもたせる

店主の國谷学さんは、足立区と江戸川区の有名ラーメン店で修業を積んで独立した

店データ▶▶P113

四川担担麺 阿吽

中国香辛料が効いた 本場「つゆ無し担担麺」

2007年8月オープン。一部、ステンレスを使用したL字型のカウンターが目を引く店内は、清潔感溢れるスタイリッシュでゆったりした空間に整えられている。

店主は「本物の食材を使った、本当に美味しいものを、きちんと一食として提供したい」と「担担麺」に特化した専門店を開いたそう。

化学調味料不使用というのが今やとても少ない中国料理だが、『阿吽』で無化調が可能になったのは各種調味料と食材、そして丁寧な仕込みの技による。「まろやかさ」を基調とし、バランスを追求した味付けには、「朝天辣椒」を用いた自家製辣油の深みある辛さや、四川省の高級「漢源花椒」による香りと独特な痺れが加えられているのが特徴。

また、この店では芝麻醤というゴマダレや、ピーシェン豆板醤を使った炸醤肉と呼ばれる肉味噌も全て自家製。さらに、干しエビに無添加無着色のものを使用するなど、安全面も考慮している。

麺は新潟の製麺所からの直送品。「つゆ無し」「つけ麺」には国産小麦のみ使用の、モチモチした中太平打ち麺を使用する。

ちなみに辛さは、まろやかな「三辣」、辛みとコクを強くした「四辣」、突き抜ける刺激の「五辣」から選択可能だ。

漢源花椒と朝天辣椒とピーシェン豆板醤。通常のラーメンでは使用しない中国調味料は独特の香りが楽しめる

食材あれこれ

紹興酒は、塔牌の「紹興花彫酒」を常備している

無化調	
醤油	特選丸大豆しょうゆ（キッコーマン）
味噌	―
塩	―
砂糖	スプーン印 上白糖（三井製糖）
料理酒	塔牌 紹興花彫酒［陳三年］（宝酒造）
みりん	本みりん（宝酒造）
酢	醸造酢 末広（ミツカン）

店主の水本丈博さんはラーメン関連のコンサルタントをしていたが、中華食材に惹かれて中華の世界へ

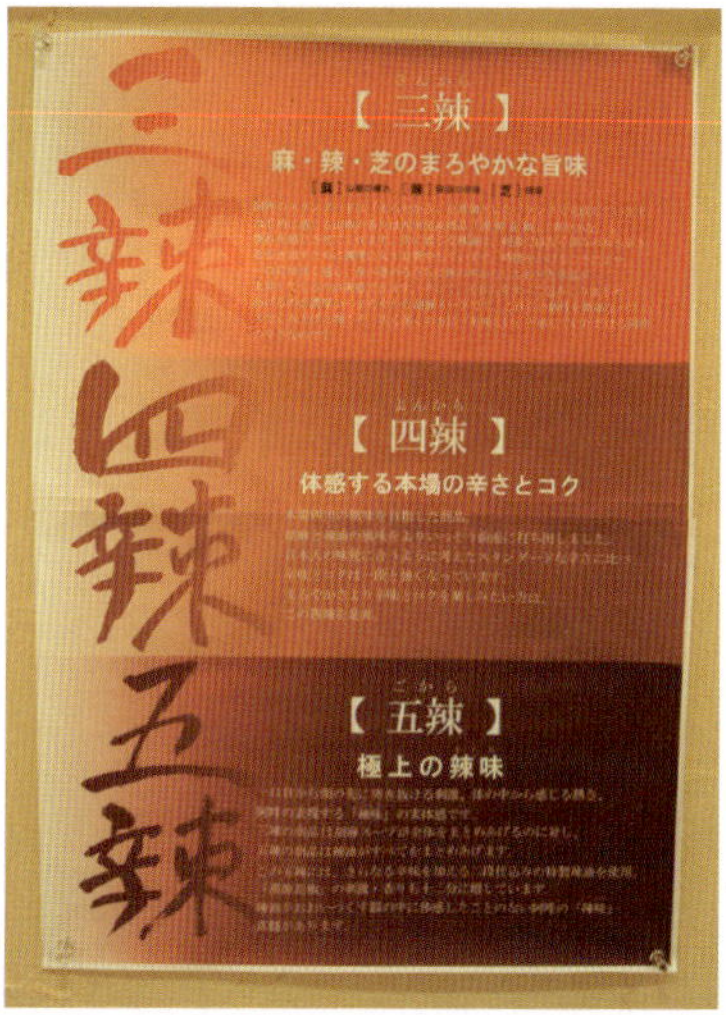

麻•辣•芝のまろやかな旨みの「三辣」、体感する本場の辛さとコクの「四辣」、極上の辣味の「五辣」

つゆ無し担担麺…900円／本場中国では「つゆ無し」が基本。中太麺にタレを十分に絡めて味わえば、口の中に中国香辛料の濃厚で芳醇な香りが広がる。「三辣」「四辣」は同料金。「五辣」は100円増し

らーめん天神下 大喜

日本料理的な味わいの透き通るダブルスープ

写真上／大量の食材を使用するため、店主の武川数勇さんほかスタッフが役割分担で仕込みを行う　中／通常の鶏ガラと違い、肉つきのためスープにより深みが出て、鶏本来の旨みを堪能できる　下／北海道の昆布を大量に用い、和のテイストが漂う

かつてテレビのラーメン番組で1位となり、大行列となった『大喜』。現在も開店前から行列ができる人気店だ。美しく透き通った鶏スープ。珍しい肉つきの鶏首とモミジでとった動物系スープと、九十九里産の煮干しと北海道の昆布でとった魚介系スープを器で合わせる完全ダブルスープ。「大量に使用するけれど、これだけなんですよ」と店主。だが、ひと口すすればきれいに合わさった、まるで食材の雫の集合体とも言える芳醇さがただよう。その秘密は十数種の食材が溶け込んでいるタレにある。こちらでは麺も全て自家製麺。限定メニューもあるため、国内産とカナダ産の小麦粉を用い、常に3〜4種類の麺を打つ。「最初、ロットが少なくて、製麺屋さんが作ってくれなかったんですよ。添加物が入るのも嫌だし」。流行の濃厚なタイプとは違い、いわば日本料理的な口あたりだ。

とりそば…850円／優しい塩の風味が効いた透き通るスープに、しなやかな細ストレート麺。そして、柔らかな鶏チャーシューや、スープに深みを与える鶏そぼろ。爽快なカイワレ大根や、刻み長ネギも合う

準無化調			
醤　油	非公開（サンビシ）		
味　噌	ー	塩	赤穂の天塩（天塩）
砂　糖	スプーン印 上白糖（三井製糖）	料理酒	弥乃心（宝酒造）
みりん	ー	酢	穀物酢（ミツカン）

めんしゅこうはしご
店データ▶▶P114

麺酒肴 梯子

「呑み」と「ラーメン」。一軒で完結できる店

「自分がラーメン屋さんで呑みたかったんですよ」

　椎名町駅より徒歩3分。趣きある呑み屋が点在する商店街の一角。屋号が示す如く、一軒の中で居酒屋とラーメン屋を〝はしご〟できる店だ。「30歳で失敗してもやり直せる」と営業の仕事を辞めて開業した店主。以来十数年、今では街の評判店だ。

　もちろんラーメンだけでも構わないが、より楽しむなら、まずは生ビールや酎ハイレモンなどを一杯。その後、一品料理で杯を進め、最後にラーメン。豚骨、鶏ガラ、煮干し、牡蠣煮干し、昆布、セロリなどの野菜でとった一杯は、背脂の量で「あっさり」「中間」「こってり」が選べる。特製だとさらにこってりで、ニンニク、辛味調味料が加わる。この辛味調味料、韓国唐辛子の量のことで1〜10まで選べる。

　そのほか「つけめん」「油そば」などもラインアップ。日替わりラーメンも人気だ。

写真上／日替わりラーメンを出すなど、研究熱心な店主の下谷内貴宏さん　中／ラーメン店では珍しく牡蠣煮干しを用い、具の旨みをスープに加えている　下／竹や石畳、丸太のイスなどで屋台村をイメージしたアジアンチックな店内

無化調（一部のおつまみを除く）			
醤油	こいくちしょうゆ（ヒゲタ醤油）		
味噌	白味噌（京都産）／赤味噌（愛知産）		
塩	海人の藻塩（蒲刈物産）／ろく助の塩 白塩（ろくすけ）		
砂糖	黒糖（沖縄産）	料理酒	日本酒
みりん	三州三河みりん（角谷文治郎商店）	酢	千鳥酢（村山造酢）

特製はしごつけめん…650円／平打ちの麺そのものに酒粕入り醤油ダレをかける、珍しいスタイル。こうすることで無化調でもインパクトが出る。つけ汁はマイルドな甘辛風味でニンニクたっぷり

店データ▸▸P114

十兵衛

中高の校長先生からラーメン店主への転進

ぴり十兵衛ラーメン…800円／ゲンコツや宮崎地鶏、カツオ節、煮干し、鯛などでとった醤油スープに「ぴり」がのる。マイルドで魚介風味の優しく効いたスープが次第に辛みを帯びてくる

「当時、学園祭や合宿所でラーメンを作ると評判でね」

店主は元、私立中学高校の校長先生だった。定年前に店舗を構えて奥様に切り盛りしてもらい、その後、本格的に自分も店へ。大泉学園駅から徒歩10分と、利便性の高い立地でないのは「テストのつもりだった」から。今は大盛況だが「こんなに来てくれるとは思わなかった」そう。有名なのは「つけめん」で、「むつこい」「あっさり」の2種類のつけ汁がある。スープ割りも「とんこつ」「和風」から選べ、麺も「太麺」「平麺」「中太麺」「細麺」があり、好みの組み合わせをカスタマイズできる。そのほか、和風スープと豚骨スープをブレンドした「十兵衛」というラーメンも人気。特に通好みなのが、「ぴり十兵衛ラーメン」。「ぴり」と呼ばれる唐辛子とラー油、2種類の味噌で味付けを施した白髪ネギがピリ辛テイストを加えている。

写真上／煮干しは銚子産、鯛は島根産など、厳選した食材を使用している　中／開店前に味のチェックに余念がない、店主の小曽根克美さん　下／青を基調とした珍しきカウンター&テーブル。その斬新さがかえってラーメンを美味しく見せる

無化調

醤油	本醸造ヤマサしょうゆ（ヤマサ醤油）／本醸造ヒガシマル醤油（ヒガシマル醤油）／本膳（ヒゲタ醤油）		
味噌	白味噌、赤味噌（国産）	塩	内モンゴル産天外天塩
砂糖	スプーン印 三温糖（三井製糖）	料理酒	ひかわの鬼ころし（小山本家酒造）
みりん	ほんてり（ミツカン）	酢	穀物酢（ミツカン）

こうらく
店データ▶▶P114

好楽

飾らない雰囲気がいい、豊富な種類の中華料理

広東麺（うま煮そば）（ランチタイム玉子サービス）…700円／炒め油でほんのりまろやか甘じょっぱい醤油スープに、しなやかな食感の麺。野菜もたくさんとれて健康的なのも中華麺の魅力のひとつだ

準無化調			
醤油	ヤマキ あさひ、ほし（木場商店）		
味噌	非公開	塩	伯方の塩（伯方塩業）
砂糖	非公開	料理酒	老酒（中国産）
みりん	ー	酢	穀物酢（ミツカン）

昔から続く中華料理店の良さは、豊富な種類の料理と飾らない雰囲気。『好楽』もまさにそうした店だ。

麺のメニューは「老麺（ラーメン）」のほかに「担々麺」「高菜麺」など。神奈川名物・モヤシあんかけそば「生馬麺」があるように、店主は横浜の四川料理店の出身。その後地元へ戻り、昭和42年に店を構えた。

いち押しの「広東麺（うま煮そば）」をオーダーすれば、エビや丁寧な仕事のなされたイカと共に、新鮮な野菜が中華鍋でチャッチャッと炒められていく。鍋を扱えるのも中華の利点。食材の火の通りとスープとの一体感が絶妙だ。片栗粉でとろみをつけて、茹でた麺と器に盛れば完成。化学調味料を直接入れないので他の中華料理店より、後味がスッキリする。

アルコールはもちろん中国酒を選びたい。それが中華料理に一番合うのだ。

写真上／醤油は鹿児島のヤマキというブランドの「あさひ」と「ほし」をブレンドして使用。甘みが強いそう　中／料理に合う中国酒の「貴楽」（老酒）　下／店主の佐藤好正さんは第一回中華料理技術コンクールで銅賞に輝いた腕前

店データ▶▶P115

和風汁そば じゃんず

こだわりの醤油は6種類をブレンド

店主の食材へ対する思い入れには様々な方向性がある。それは小麦粉だったり、魚介だったり。ここ『じゃんず』は、「醤」に由来する店名どおり、醤油に特にこだわるラーメン店だ。

「『汁そば』には100種類以上の醤油を試しましたね」と店主。その中からキッコーキ醤油の「楓(うすくち醤油)」など6種類を厳選し、ブレンドしてタレを作る。スープはダブルスープ。丸鶏やモミジ、ゲンコツ、背骨などの動物系に九州産イリコなどの魚介系だ。鶏油とラードで深みを出し、カツオや北海道産ホタテ、静岡産桜エビなどを合わせた粉をふりかけるなど、さらにひと手間を加えている。

麺は、モチ米粉入りの平細麺と平打麺、ビール酵母入りの中太麺(つけ麺は極太麺)から選べる。「汁そば」に一番合うのは中太麺。むちっとした食感の麺がとろみのある醤油スープとよく絡む。

写真上/店主の小野征紀さんは独学。それゆえ「汁そば」では化学調味料を使用するという発想自体がなかったそう　下/産地の異なるいくつかの醤油を組み合わせて、しょっぱさや甘み、辛みのバランスを精妙に整えている

特製汁そば…850円/ややどろっとしたマイルド醤油スープに存在感のあるビール酵母入りの中太ストレート麺。特製には海苔、柔らかなチャーシュー、手間のかかったメンマが増量されている

準無化調

醤油	楓［うすくち醤油］(大久保醸造店)／しょっつる(高橋謙治)／本醸造 ヂガミサ醤油(ヂガミサ醤油) 足助仕込 三河しろたまり(日東醸造)　ほか		
味噌	―	塩	伯方の塩(伯方塩業)
砂糖	スプーン印 白ザラ糖(三井製糖)	料理酒	―
みりん	本みりん(宝酒造)	酢	非公開

ラハメンヤマン
店データ▶▶P115

Rahmen Yahman

豊富な種類の食材とレゲエの融合

らはめん…650円／店主の見た目からは想像しづらい、繊細で上品な味わい。醤油の良さや魚介風味がふわり。エシャロットなどで作った香味油と鶏油でさらに香りも豊かに。江戸菜は自然酵素農法のもの

写真上／店主の町田好幸さんは初台の『玄』（現在の『嗟哉』）の出身。「なんだろう?」と思わせるお店を作りたかったそう　下／麺に使う塩はオーストラリア産のミネラル豊富な天日塩「太古のロマン」

ジャマイカ語で「やぁ!」を意味する「ヤマン」。レゲエをこよなく愛する店主が開いたラーメン店だ。派手な出で立ちで、店内にもレゲエが流れる。実はここ、自家製麺まで行う真剣なる一軒。

「食感には特にこだわっているので、自分の手で作らないと納得できない」という麺は、モンゴル産かん水を使用した中太ストレートタイプ。スープに使用する食材の種類も豊富で、ゲンコツ、背骨、背脂、丸鶏、モミジ、鶏ガラ、昆布、椎茸、茶樹キノコ、煮干し、宗太節、サバ節など。醤油ダレにも干しエビやホタテ貝柱、野菜がふんだんに溶け込んでいる。

聞きなれない茶樹キノコを見せてもらうと、強烈な独特の芳香がした。

「ラーメンに使うのは難しいけど、上手に使えばグルタミン酸が相当出るんです」

レゲエとラーメンは、追求心で案外マッチしている。

準無化調			
醤　油	茜醤油（オーサワジャパン）／有機丸大豆の吟選しょうゆ（ヤマサ醤油）		
味　噌	信州田舎みそ（マルモ青木味噌醤油醸造場）／赤味噌、白味噌（シロコメ味噌）		
塩	天日塩 太古のロマン（七宝商事）／福塩（ライフ・ミネラル）		
砂　糖	スプーン印 三温糖（三井製糖）	料理酒	蔵の素（大木代吉本店）
みりん	味の母（味の一醸造）	酢	穀物酢、リンゴ酢（ミツカン）

店データ▶▶P115

中華そば屋 伊藤

煮干しが前面に出たもの凄い主張の一杯

王子駅から徒歩18分。商店街に面するものの、利便性が良いとはいえない立地。だが、ここに秋田の名店『伊藤』の弟さんが切り盛りする、大評判のラーメン店がある。

店主は石油関係のサラリーマンだったが、兄の店でラーメンを学び、東京で独立した。「食材も調味料も至ってシンプル。それがかえっていい」と言うとおり、使用食材は九十九里産の青口イワシと白口イワシの煮干し、昆布、サバ節、鶏ガラのみ。

一般的な作り方とは逆で、まず魚介系の食材でスープをとり、後から鶏ガラを入れて煮込む方式。使用する調味料も醤油と塩のみ。チャーシューも茹でてから醤油に通すだけで、その煮汁を醤油ダレに用いている。

「でも作り方は大変なんですよ。ここで蓋をして何分、蓋を取って何分、とかね」と店主。確かに食材はシンプルだが、作り方はかなり複雑。マニュアルではない、感覚がものをいう難しい世界だ。

こちらでは麺も手作りで、日清製粉の「麺遊記」を用いた細ストレート麺は、加水率が低く、コリコリとした独特の食感がある。

そしてできあがる一杯は、ひと言で言えばストイック。煮干しが完全に前面へ出たラーメン。もの凄く主張のある一杯が出来上がるのだ。

主張の強いスープに負けない、堂々たる面持ちの切刃22番の細ストレート麺。のど越しも抜群だ

食材あれこれ

『伊藤』のスープの味に絶対不可欠な煮干し。九十九里の青口イワシと白口イワシを用いる

無化調	
醤油	特選丸大豆しょうゆ（キッコーマン）
味噌	－
塩	赤穂の天塩（天塩）
砂糖	－
料理酒	－
みりん	－
酢	－

中華そば…550円。そこにあるのは麺とスープと刻みネギのみ。「この組み合わせが、一番引き立つ」と店主。逆にごまかしが効かない分だけ、真剣な仕込みが要求される

北海道産の根昆布のほか、サバ節も用いる。そば屋を彷彿とさせる和の空気が流れる

店主の伊藤清勝さん曰く、「ラーメンは感覚が大事。去年のデータでも信用できない」

店データ▶▶P115

ら～麺 もぐや

プロボクサーからラーメン店主へ

写真上／「ボクシングを辞めて20キロ太りました」と笑う川田広史さん。ほのぼのとした人柄も評判　中／木のぬくもりが落ち着いた内装。席の間隔も広めだ　下／銚子山十商店の「源醤」などを使用。とろみと旨みが秀逸

ラーメン店主の前職は様々だ。『もぐや』の店主は元プロボクサー。その後、中華料理店などで働き、独立した。プロボクサーと聞くとちょっと怖そうなイメージがあるかも。だが持ち前の人の良さと、亀有という下町の駅から近いが少し奥まった立地もあって、ほんわかとした居心地の良さが漂う店だ。

調味料は特に醤油にこだわる。銚子山十商店の源醤と広島は寺岡屋の有機醤油。普通のものより、とろみと深みが数倍あるのだ。スープもゲンコツや健味赤鶏の丸鶏や鶏ガラ、九十九里産の煮干し、羅臼と利尻の昆布などを用いている。

「以前働いていた中華料理店では化学調味料を大量に使っていました」という店主。だからこそ、自らの作るラーメンは無化調にしようと決意。餃子ももちろん無化調だ。爽やかで食材の良さが活きる一杯が味わえる店。

無化調（一部のおつまみを除く）

醤油	源醤（銚子山十商店）／有機醤油（寺岡屋）		
味噌	ー	塩	雪塩（パラダイスプラン）／シママース（青い海）
砂糖	スプーン印 上白糖（三井製糖）	料理酒	ー
みりん	マンジョウ 本みりん（キッコーマン）	酢	非公開

醤油ら～めん…670円／醤油らしさが前に出つつも、ネギ油と煮干し油で魚介系風味のマイルドな口あたりを演出。中細の縮れ麺がスープと一体化する

なか星

サービス心も溢れる、丁寧なラーメン

ブラウンの木目が活きるL字型カウンター。厨房では初老の店主がニコニコとラーメンを作っている。

こだわりの食材を使用するこの店では、トッピング無料サービス券の配布を行ううえ、小学生以下の子どもや女性には桐生市にある「ミラノ」のジェラートを無料サービスしてくれる。店主曰く、「同僚がラーメン店を始めて、儲かるって言うから自分も始めたのに、儲からないね」。

スープは動物系と魚介系の別取り方式。動物系には豚足、モミジ、鶏肉、背脂。魚介系にはカツオ、サバ、九十九里産煮干しなど。醤油ダレにも煮干しやサバを使う。それらを合わせるばかりか、スープに浮く背脂をきれいに取って温め、器に入れる。丁寧な仕事ぶりから、毎日大変だろうと察する。それでも「お客さんに支えられてね」と笑う店主の姿に敬服する。

つけめん…630円／麺そのものがいい、モチモチの中太縮れ麺に、ニンニクチップや醤油、ラー油、酢も入った素材の旨み溢れる優しいつけ汁。「入れても効果が分からなかった」ので無化調だ

写真右上／煮干しは九十九里産を使用。スープにもタレにも使用するため、夏場に大量に購入し、冷凍保存している　右下／派手さはなく、シックで落ち着いた和める店内　左／若い頃に難病を克服した店主。その時の苦労が優しさに繋がっているのかも

無化調

醤　油	ヤマサしょうゆ（ヤマサ醤油）		
味　噌	八丁味噌（国産）	塩	精製塩（塩事業センター）
砂　糖	スプーン印 上白糖（三井製糖）	料理酒	ー
みりん	本みりん（宝酒造）※随時変更あり	酢	穀物酢（ミツカン）

めんやしちさい

麺や 七彩

完璧な食材の追求で ラーメン界を変える

２００７年2月、一軒のラーメン店が誕生した。本書のアドバイザーを務める阪田さんと藤井さんが切り盛りする『七彩』である。「地元の人が来てくれればいい」とあえて小さな街を選んだ二人だが、瞬く間に評判となり、大行列店となった。

彼ら曰く、「無化調でも食材と調味料を厳選すれば、かえって原価は抑えられる」。

研究を重ねたスープのとり方は、真昆布や無添加の2種類の煮干しなどを前日から水出しし、翌日に九州の種鶏を細かくして圧力鍋で茹でたものと、灰汁をとって関節毎に切り分けた鶏のモミジ、カツオの本枯節などを加えて2時間煮出すスタイル。自家製麺は国産小麦粉にこだわり、パン用のハルイブキとモチモチ感の出るアヤヒカリ、風味のいい農林61号をブレンドし、ＥＸバージンオリーブオイルとモンゴル天然かん水で麺に打つ。しかも麺帯を組み合わせた4層麺なのだ。最近では石臼も導入、無農薬有機栽培のユキチカラを全粒粉にして麺に練りこむことを試作中。

さらに具材はメンマに無漂白微発酵、卵に秩父のアクアファームの野生卵を使用するなど、全てに真剣さがみなぎる。ほかの料理同様に、ラーメンも確実に自然で健康な方向へと進化を続けている。

醤油らーめん…720円／2種類の醤油と富士酢、醍醐のしずくも用いた醤油ダレで、琥珀色の透き通るスープに芳醇な旨みを。下処理した煮干し頭に鶏油をかけた煮干し油で「追い煮干し」的味わいをプラス

阪田博昭さんと藤井吉彦さんが共同店主。全国のラーメン店や飲食店のプロデュースも行う

TOKYO味噌らーめん…970円／江戸甘味噌の甘さやもろみの渋さ、松坂牛の牛脂、粉チーズの風味がいい

国産100％の小麦粉で打った切刃12番の太麺を手揉みする。麺自体を長く切り、すする楽しみを演出

食材あれこれ

日本屈指の飯尾醸造「富士酢」や、中野で江戸時代創業あぶまた味噌「江戸甘味噌」をも使用

無化調	
醤油	吟醸純生しょうゆ、こいくち［本醸造］（弓削多醤油）
味噌	江戸甘味噌（あぶまた味噌）
塩	ベトナム特製 カンホアの塩（鹽屋）
砂糖	オーガニックシュガー（中村カイロ協会）
料理酒	醍醐のしずく（寺田本家）
みりん	ー
酢	富士酢（飯尾醸造）

こうじつ

好日

女店主の優しさが醤油ラーメンに溶ける

ＪＲ総武線東中野駅。山手通りを挟んで西側はスーパーやちょっとした商店街があり、わりと華やかな雰囲気。一方、東側は住宅が多く、閑静な印象。『好日』はそんな住宅街に位置する店だ。

国分寺で中華料理店を営んでいた女性店主が、こちらへ移転したのは2001年のこと。「この店では自家製麺も始めて、全部手作りにしたかった」と語る。そのため、化学調味料を使用しないことに決めたのだとか。

スープは東京では今やメジャーになった、ダブルスープの手法。この方式で濁らすところも多いが、ここのスープは比較的透明度が高く、優しい仕上がり。動物系には鳥取の大山丸鶏や鶏ガラなどを用い、地鶏の良さを引き出している。一方の魚介系には煮干し、宗太節、カツオ節、サバ節、羅臼昆布のほか「どんこ」と呼ばれる高品質な椎茸も加え、ふくよかな魚介風味を醸しだす。それらを合わせたスープには、コクと香りを高めるためにホタテやエビ、カツオなどで作った2種類の香味油もプラスしている。

スープを堪能しつつ、中太ストレートの自家製麺をするり。ぷるるんとした食感と手作りの良さが伝わってくる、ほんわかした優しさに満ち溢れたラーメンだ。

健康を考えて、かん水少なめで打った中太麺。ぷるるんとした口あたりは「つけめん」にもぴったり合う

食材あれこれ

福来純の三年熟成本みりんなどを使用。この甘みと高レベルのコクが無化調でも深みを出す

無化調

醤油	こいくち（近藤醸造元）
味噌	ー
塩	沖縄の塩 シママース（青い海）
砂糖	スプーン印 グラニュ糖（三井製糖）
料理酒	紹興酒（中国産）
みりん	福来純 三年熟成本みりん（白扇酒造） ほか
酢	米酢（ミツカン）

煮玉子らあめん…800円／「らあめん」のひらがな表記が示すとおり、女店主の優しさまで溶け込んだような醤油ラーメン。茨城の卵を使用した煮卵の濃厚でちゅるんとした味わいも魅力だ

煮干しや鯖など魚介も多用するが、決してクドくなく、美しくまとまったスープが見事だ

店主の宗松由美子さんは、中華の腕を生かして、麺を泳がせて茹で、平ザルを駆使する

らあめんひらいし
店データ▶▶P116

らあめん ひら石

煮干し風味たっぷりの無化調醤油ラーメン

高円寺駅北口を出て西側に「大一市場」という食材店飲食店が軒を連ねる場所がある。『ひら石』は、その一角にある通路との隔たりのない、カウンターのみの店だ。

「ラーメンなんだから薀蓄よりも、気軽に食べてよ」と笑う店主。でも「お子さんにも安心して美味しい料理を食べてもらいたい」と化学調味料を使用していない。

ラーメンは、これでもかと言うほど九十九里産の煮干しを大量に使用した醤油スープが特徴。鶏ガラや昆布も用いてコクを出す。麺はうどんにも精通した製麺所からの直送。かん水を使用しない麺は、しなやかでするりとした舌触りもいい。

「らあめん」のほか「ごまみそらあめん」や「つけめん」や餃子のついたセットメニューも。ちなみにこちらは餃子も無化調だ。豚肉やキャベツ、ニラなどの入ったジャンボ餃子が楽しめるぞ。

写真上／大量の九十九里産の煮干しが、『ひら石』の味を守る　中／店主の平石淳さんは父の店を継いだ2代目。サーフィン大好きで今でも九十九里から通う。子煩悩な一面も　下／継ぎ足して作られる醤油ダレ。こうすることでより深みが

無化調

醤油	非公開		
味噌	非公開	塩	伯方の塩（伯方塩業）
砂糖	スプーン印 上白糖（三井製糖）	料理酒	非公開
みりん	非公開	酢	醸造酢（ミツカン）

醤油らあめん…662円／透き通る醤油スープは、濃いめの醤油テイストに、研ぎ澄まされた煮干しの風味がバシっと沸き立つ。熱々のスープも見事だ。麺にはかん水も入らないので、健康的な味わい

たびのとちゅう
店データ▸▸P117

旅の途中

化学調味料を止めて躍進が始まった

らーめん…900円／細麺を「すする」というより「手繰る」という表現が合いそうな、和のテイスト。エッジの立った醤油風味に魚介がザックリと香るスープは熱々で提供される

高円寺周辺は人気のエリアで、ラーメン店も多い。だが『旅の途中』の場所は駅からやや遠く、偶然通りがかるという立地ではない。「わざとです」と店主。開店後、徐々に味を確立しようとわざわざこの地を選び、吟味した食材で試行を繰り返していた。お客が少ないある日、ふと化学調味料を止めてみた。と、食材の味が前面へ出てきたという。そこから店の躍進は始まったのだ。

席へ着き、オーダーをするとまずは青菜などのお通しが。ほろ苦い風味をかみ締めていると、ラーメンが登場する。なんとも潔い醤油ラーメン。群馬産の鶏ガラとゲンコツで取った透き通るスープには信頼できる築地の乾物店から仕入れる真昆布、カツオ厚削り、サンマ節などの魚介が漂う。そこに細いがしっかりとしたストレート麺。どことなく、そばに通じる爽やかさがある。

写真上／愛知出身の花井邦裕さんは名古屋の名店『味仙』で修業を積み上京。都内ラーメン店を経て独立した　中／井上醤油店の「井上古式じょうゆ」など調味料にもこだわる　下／「旅の途中」と、これからも研究を重ねる真面目さが店内にも

準無化調			
醤油	井上古式しょうゆ（井上醤油店）	味噌	−
塩	粟国の塩（沖縄ミネラル研究所）／浜御塩 藻塩（白松）		
砂糖	スプーン印 三温糖（三井製糖）／てんさい糖（ホクレン）	料理酒	弥乃心（宝酒造）
みりん	本みりん（宝酒造）	酢	非公開

我流旨味ソバ 地雷源

ブラックな店内で味わう我流ソバ

バーのような趣きが斬新な、黒を基調とした店構え。「化学調味料？ 他では食べるし、否定はしないよ。自分では入れないけど」と店主。強面の風貌から想像しづらい繊細な一杯がここにある。

スープはトリプル方式だ。昆布や椎茸でとった和ダシに煮干しや宗太ガツオ、サバ節などを合わせた魚介ダシ、名古屋コーチンや新潟のイサブラウンの丸鶏の鶏スープ、ゲンコツや豚足、もち豚の背脂の豚骨スープ。これらを営業前に寸胴で合わせて最終調整。「我流旨味ソバ（醤油）」は、このスープに干しエビやホタテなどを用いた醤油ダレと、ベルギーエシャロットやタマネギ、鷹の爪などで作った香味油を注文毎に合わせる。

昼間は他に「つけソバ」や「塩の旨味ソバ」。夜は「フランキー中華ソバ」もある。金曜は『BLACK FRIDAY』なる屋号で別味になるなど、まさに変幻自在の一軒。

写真上／魂が宿った天然食材で日本のソウルフード・ラーメンを作る店主、鯉谷剛至さん　下／寺岡家の「福福醤油」と甘強の「昔仕込本味醂」を用い、ふくよかなテイストの醤油スープを演出する

我流旨味ソバ（醤油）…750円／魚介、鶏、豚骨が三位一体となったバランスの良い醤油スープ。香味油の香ばしさや鷹の爪の辛さが程よいアクセントに。麺は中細のストレートタイプだ

無化調

醤油	福福醤油（寺岡家）		
味噌	ー	塩	福塩（中国福建省産）
砂糖	洗双糖（ポランオーガニックフーズデリバリ）	料理酒	清酒（月桂冠）
みりん	昔仕込本味醂（甘強酒造）	酢	穀物酢（ミツカン）

おきなわすばしゅりせいめん
店データ▶▶P117

おきなわすば 首里製麺

2種類のダシと麺が味わえる沖縄そば店

ソーキすば（首里製麺だし）…850円／若干ラーメン寄りの和風な汁に、むちっとした麺。大きくて柔らか、やや甘めなソーキ肉などが食べ応えあり。ちなみに「すば」とは沖縄の言葉で「中華そば」の事だ

写真上／現在は、「島唄」という泡盛を料理に使う。沖縄料理独特の風味とまろやかさが出る　下／「食育や美味しさを追求したら無化調になったんです」と笑う店主の森川茂さん

首都圏に限らず全国的に増加している沖縄料理店。中でも、沖縄そばに特化した一軒が『首里製麺』だ。カウンター8席のみの店内は沖縄情緒が随所に。店主はカフェバーやイタリアンなど様々な料理の経験があり、自然食品関係にも造詣が深い。

一般的なラーメンと異なる点は泡盛にある。前日から水出しした利尻昆布を沸かした汁に、泡盛などで煮たソウキ肉の茹で汁を合わせる。スープは2種類あって、「沖縄だし」はそこにカツオを、「首里製麺だし」は丸鶏や豚骨、煮干し、カツオなどを加えて煮出す。ともに塩、にがりを直接投入する点が通常と違う。つまり、かえしを作らないのだ。自家製麺も2種類で、日清製粉の「特No.1」などで打った普通麺と、全粒粉も配合したおばぁの麺。昨今の本場沖縄同様、木灰の灰汁は使わず、内モンゴル産天然かん水を用いている。

無化調			
醤　油	徳用しょうゆ（ヒゲタ醤油）		
味　噌	ー	塩	海人の藻塩（蒲刈物産）
砂　糖	スプーン印 中ザラ糖（三井製糖）	料理酒	島唄（比嘉酒造）
みりん	ー	酢	穀物酢（ミツカン）

西東京市

ラーメン専門 くぼ田

真面目な店主の人柄に癒される隠れ家系

表通りから一本入ったところにあるのが「路地裏系」。それよりさらに分かりづらいところにあるのが「隠れ家系」なら、『くぼ田』はまさしく「隠れ家系」だ。奥に進めばT字路にぶつかるだけの裏通りに、ちょこんと暖簾が出るだけの店構え。外側にはメニューもなく、引き戸をガラガラと開ければ5席のみの静かな空間が広がる。

「ひとりでやるにはちょうど良いんですよ」と店主。コンピューター関係に勤める傍ら、自宅でラーメン作りをしていたそう。真面目な店主の人柄どおり、店には青森産ニンニクなど、真面目な食材がずらり。ゲンコツや、地鶏である赤鶏のガラ、真昆布の耳、煮干し、焼きアゴ、サンマ干しなどで取ったスープに、醤油ダレと干しエビ、カメリアラードがベースのエビ油を合わせた「ラーメン」は、一滴たりとも残すのが惜しいほどの旨さが優しく溶けた仕上がりだ。しかも、のせる長ネギまで、注文を受けてから切ってくれる。ちなみに「塩ラーメン」の塩ダレには「海人の藻塩」や「フランスロレーヌ産の岩塩」とともに、ハマグリやアサリなどの貝類も使い、自然な甘みを活かしている。

「定休日でも仕込みがあるので休めないですね」と、何気なく笑う店主に職人の心意気を感じた。

「食材の良さが大切」と豊後水道の煮干しなど、魚介を築地から仕入れる。青森産ニンニクなどの野菜も国産

無化調	
醤油	三年熟成 純［本醸造］(正金醤油)
味噌	雪ちゃんの日本海こうじみそ(日本海味噌醤油)
塩	海人の藻塩(蒲刈物産)／ロレーヌ岩塩(フランス産)
砂糖	スプーン印 上白糖(三井製糖)
料理酒	米だけのすーっと飲めてやさしいお酒(福徳長酒類)
みりん	マンジョウ 本みりん(キッコーマン)
酢	―

ラーメン…700円／昔ながらの「中華そば」のようなオーソドックスさが活きる。シーガルフォーという浄水システムを使用した水で爽やかに仕上がった醤油スープは、ストレート麺との相性もぴったり。冬季には柚子ものる

窪田喜行さんはラーメン試作を繰り返し、奥様からようやくOKが出て開店できたとか

食材あれこれ

醤油は杉樽桶で古式天然醸造を守る正金醤油の「純」。味噌は出身である富山の味噌を用いる

ひふみ

武蔵野市

一二三

背筋がシャンとする、粋な仕上がりの一杯

一二三そば…900円／見た目も洗練された日本的ラーメン。やや尖った醤油風味にソバ配合の麺のため、そばのイメージが浮かぶが、コーチンから出た鶏油でぎりぎりラーメン寄りの立ち位置

次第に増えつつある無化調ラーメンの先駆者的存在。1989年創業だ。フードプロデューサー・匠ゆうじ氏が始めた店を、現在の店主が頼まれて引き継いだ。「でも、麺上げぐらいしか習ってないんです」と店主。今の味は独自に研究を重ねた成果だ。

こちらの麺はソバ粉が2割配合された細ストレート麺。細いながら、しっかりしたコシのある麺は背筋がシャンと伸びるような粋な仕上がり。

名古屋コーチンの鶏ガラをメインに、レンコ鯛や千葉、長崎のイワシなど様々な食材で取ったスープは、「汁」と呼ぶほうがしっくり来る。食材の良さがダイレクトに出た一杯は、そばのかえしのような醤油テイストもあいまって、自然の旨みに溢れている。

実は通常メニューのほかに「つけめん」などの裏メニューもある。空いている時間帯なら作れるそうなので、ぜひ味わってみてほしい。

写真上／スープをとる際にはレンコ鯛も使用し、粋な風味を含ませる　下／店主の工藤吉徳さん。麺を茹でるときに「さし水」を適度に行うのが、美味しく茹でるコツだそう

無化調（「唐辛子そば」を除く）

醤油	三年むらさき（ヤマホ）　ほか		
味噌	ー	塩	熟成天然海塩（バイオブリード）
砂糖	洗双糖（自然食品会社）	料理酒	ー
みりん	福来純 三年熟成本みりん（白扇酒造）	酢	ー

てうちちゅうごくめんなにや
店データ▶▶P118

手打ち中国麺 なにや

中国宮廷料理「翡翠麺」を再現！

「製麺所の麺って腐りにくい。おかしいよね?」と店主。一橋大学へと続く道にある、手作りの「中国麺と餃子」が味わえる店。店主は肉屋などを数店舗経営していたが、中国宮廷料理に興味を抱き、この店を構えた。そして冒頭の疑問から自家製麺に。『なにや』の麺は、かん水や牡蠣、卵の殻を粉にしたものを使用しない代わりに、ほうれん草を練りこんでコシを出す。むっちりした「翡翠麺」はいち押しだ。

「合鴨麺」「つけめん」などメニューも豊富だが、初めてならば、ぜひ「冷やし中華」を味わってみよう。ラーメン店では珍しい和三盆糖を用いた、芳醇な甘みが広がる醤油ダレと冷たい翡翠麺の組み合わせが絶妙だ。丁寧に仕事がなされた具材のニンジンや、クラゲ、海草なども彩り鮮やか。皮が三色の「三色餃子」ももちろん手作り。医食同源、その言葉がぴったりだ。

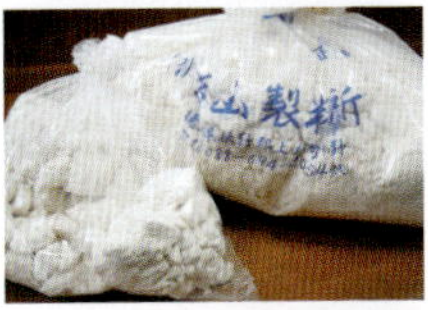

写真上／店主の松村幹男さんは世界組織「メルセデスベンツクラブ107」の日本会長も務める　中／ラーメンではもったいない和三盆糖。風味、旨みとも秀逸　下／ゆったりとしたコの字形のカウンター。店内では食材や調味料も販売

冷やし中華…1300円／中国の紫禁城内で歴代皇帝が食していた翡翠麺を再現した麺。和三盆糖の深みある甘さが全体を包み込む。元・肉屋のルートと腕が光る、ジューシーなチャーシューもいい

準無化調

醤油	玉鈴（玉鈴醤油）		
味噌	ー	塩	福塩（中国福建省産）
砂糖	阿波和三盆糖（影山製糖所）	料理酒	上州一番搾り（聖徳銘醸）
みりん	本みりん（宝酒造）	酢	米酢（ミツカン）

ちゅうかそばゆうじ

店データ▶▶P118

中華そば 勇次

高級寿司店からラーメン店主へ

町田の住宅街に静かに佇む『勇次』。割烹のような趣きある暖簾をくぐると、店内も想像どおりの和の空間。「もともと赤坂で寿司店をやっていたからね」と店主。総理大臣も来店するほどの高級寿司店だったそうで、その流れを汲んだ現在の店も、化学調味料は使用しない。

ラーメンの作り方も日本料理的だ。まず、昆布やカツオで一番ダシをとり、動物系の透き通るスープと合わせる。醤油ダレも、そばのかえしを作るかの如く、みりんや醤油、砂糖とともに昆布やカツオ節を効かせて。

自家製麺は細麺と太麺の2種類。アメリカ、カナダ、オーストラリアの小麦粉と北海道産の小麦粉を半々に混ぜて、モンゴルかん水で打っている。その後姿には、食材ひとつひとつを真正面から真剣に見つめる姿勢が見える。もちろん、その気持ちは時折提供される限定ラーメンにも表れている。突拍子もない食材を用いたそれは、時にクジラだったりウニだったり。さすがは魚を知り尽くした店主の仕事だ。

ちなみにこの店、昼間は爽やかな醤油ラーメンが主体の『勇次』だが、夜には鶏白湯ベースの煮干しラーメンなどがメインの『オードリー』へと変化する、いわゆる二毛作ラーメン店だ。

合鴨ラーメン…1300円／宮内省御用達の合鴨などを用いた一杯。スープも合鴨でダシをとり、具にも胸肉、モモ肉、合鴨つくねなどがふんだんに。焼ネギを用いるなど、香ばしさもプラスした味わい

店長の田中秀明さんは、千葉まで鴨を自分で捌きに行くほどの真面目な料理人だ

千葉製粉の小麦粉を用い、常時2種類の麺を打つ。限定ラーメンはまた違う麺を使用している

赤坂時代のルートを駆使し、築地中卸の「伏高」の最上級花ガツオなどを仕入れている

食材あれこれ

元・寿司屋のこだわりは醤油にも。地元である町田の木桶醤油を用いる

無化調

醤油	ほんたましょうゆ 甘露［再仕込］、ホンタマ本醸造しょうゆ（岡直三郎商店）		
味噌	赤味噌（宮城）／白味噌（長野）		
塩	鳴門のうず塩（大塚食品）		
砂糖	上白糖（伊藤忠製糖）	料理酒	非公開
みりん	マンジョウ 本みりん（キッコーマン）		
酢	米酢、穀物酢（ミツカン）		

店データ▶▶P118

いつ樹

鯛のアラを使用した 今、流行の新鮮系

新鮮系というジャンルがある。新鮮な野菜や魚を使用してラーメンを作る系統だ。

2007年7月にオープンした『いつ樹』もその一軒。特に最近流行の鯛を用いる店舗だが、レンコ鯛使用の店が多いなか、生の真鯛のアラを使用している。それを大きな釜でぐつぐつと煮詰め、スープをとるのだ。

「鯛が大好きなんです。安定供給もできるし」と店主。ラーメン店を開業するのが夢で、勉強のために築地の魚屋さんで働いたことも。そのつながりで、今でも築地から鯛が直送される。

スープには鳥取の大山地鶏の身付き骨も使用し、タレに片口イワシや干し椎茸、イカゲソ、羅臼昆布などを用いている。最後に鯛油も注ぐため、鯛そのものの風味も沸き立っている。

「化学調味料を使用しない家庭に育った」と無化調の理由を語る店主は、麺も自分で作る。かちどき製粉の3種類の小麦粉をブレンドし、内モンゴル産の天然かん水を合わせた麺は、平打ちでやや厚みのある、むぎゅっとした縮れタイプ。見た目よりもスープに濃度があるため、スープとの絡みも上々だ。

また、珍しいのは三角形にカットされた厚切りのメンマ。ザクザクとした食感も楽しめるぞ。

食材あれこれ

生の真鯛のアラを使用するのは珍しいが、この方が鯛そのものの美味しさがより強調される

無化調	
醤油	丸大豆醤油（タイヘイ）
味噌	ー
塩	伯方の塩（伯方塩業）
砂糖	スプーン印 三温糖（三井製糖）
料理酒	ー
みりん	福来純 三年熟成本みりん（白扇酒造）
酢	ー

かつて給食センターでも働いていた経験から導入した大釜。これで粉々になるまで鯛を煮詰めてゆく

鯛塩らーめん…700円／オープン当初よりも動物系の濃度が上がり、鯛の深みも増した塩らーめん。ややしょっぱめの口あたりを、みじん切りにされたタマネギの甘さが旨い具合に中和する

煮詰めた鯛を濾したスープ。鯛の旨みがぎゅっと詰まった芳醇なる味わい

和の落ち着いた空間を仕切る店主の伊藤真啓さんは、かつて『渡なべ』でも働いていた

らーめんさんぽ
店データ▶▶P119

らーめん 三歩

多様な引き出しに何度も通いたくなる

写真上／元は印刷関係の仕事をしていた店主の高野修さん。独学でラーメン店を開業した　中／醤油は、あきる野市の近藤醸造元のもの。自然の香り豊かで、色艶が活きる　下／イタリアの天日塩を用い、粋で爽やか、甘みもある仕上がりに

ラーメンの引き出しが多い店には何度でも通いたくなる。『三歩』がそう。「ラーメン」「魚濃出汁」「つけめん」のほか「あぶら麺」や限定メニューも。自家製麺の基本は細麺と太麺だが、唐辛子入りの変わり麺などもラインアップ。

しかも魚濃ダシはおろか、塩と醤油でもスープが違う。ゲンコツ、鶏の胴ガラ、モミジ、軟骨などでとった動物系スープと、片口イワシ、アジ、日高昆布、厚削りのカツオ節、サバ節などでとった魚介系スープの2種を作り、塩は動物系のみ、醤油は魚介系を2割、魚濃ダシはダブルで合わせ、丁寧に小鍋で温めて提供する。さらに「お客さんの顔を見て、微調整もするよ」というから驚きだ。

無化調なのはもちろん、かん水も極力少なめにするなど健康面でも気を使う。子ども連れの家族でも安心して味わえる、そんな理想のラーメン店なのだ。

無化調			
醤油	キッコーゴこいくちしょうゆ［本醸造］（近藤醸造元）		
味噌	ー	塩	イタリアの天日塩（白松）
砂糖	スプーン印 中ザラ糖（三井製糖）	料理酒	鬼ころし（小山本家酒造）
みりん	富貴 本みりん（合同酒精）	酢	リンゴ酢、穀物酢（ミツカン）

魚醤出汁しお麺…790円／白濁した、優しくて後を引く塩スープは、甘みと旨みが秀逸。長い細ネギの食感もいい。味付卵は相模原の地卵。水分を飛ばす手法で、黄身の部分がとろみのあるゲル状に

KANAGAWA

神奈川

※地図上の丸数字は、店の位置と掲載ページを表しています

横浜市

めん創 桜花

様々な料理畑の経験をラーメンの世界で活かす

今や創作料理的な位置に立つラーメンゆえ、様々な料理畑の経験はとても有意義だ。『桜花』の店主も、和食、焼肉、そば屋などで修業を積んだ経験を有し、幅広い料理知識を持っている店主のひとりである。

そのためこちらは麺も自家製。「粉のイメージをしっかり持って水回しから行う」麺は、国産小麦粉をメインで打った、無添加無かん水の全卵つなぎ。できた麺帯を二つ重ねてひとつに圧縮し、さらにそれを繰り返して最終的に8層の麺を作り上げる。

スープも動物系に煮干し、カツオ節、昆布などの魚介系を直接合わせてダシをとるのに加え、和風ダシも別どりして合わせるなど手をかける。しかも醤油ダレには、今時のそば屋よろしく、本がえしを寝かせ、ワインビネガーも用いて作る丁寧さ。

調味料ももちろん真剣。店主は「あえて言いたくはない」と語るが、例えば仕込みに使う日本酒も久保田の「百寿」だったり、砂糖は沖縄の「いちばん糖」だったり。

もともとはラーメンのメニューもあったが、今は麺そのものを楽しめる「つけめん」に特化した。また、近い将来、2号店の出店を計画中だとか。味も別バージョンで提供するとのことなので、今からオープンが楽しみだ。

スルメの足や、煮干しそのほか、食材に対する真剣な姿勢がつけ汁の美味しさを生みだす

食材あれこれ

豊かな香りと味わいが楽しめる近藤醸造元のキッコーゴ天然醸造純正醤油を使用している

無化調

醤油	キッコーゴ天然醸造純正醤油（近藤醸造元）
味噌	二年熟成味噌（丸正醸造）　ほか
塩	モンゴル産天外天塩（木曽路物産）
砂糖	いちばん糖（沖縄）　※随時変更あり
料理酒	百寿（久保田）
みりん	味みりん（近藤醸造元）
酢	米酢（近藤醸造元）

特製つけそば…900円／ぷるるんとした印象に加え、むちむちとした歯ごたえが楽しめる極太麺。つけ汁のほんのり甘く、ほんのり酸味の効いた口あたりが絶妙だ。分厚くジューシーな炙りチャーシューも絶品

製麺工房と名づけられた製麺室で、グルテンなどを常に考えつつ、精度を高めた麺作りが行われている

銀座の有名そば屋を捨て、あえて老若男女が集うラーメン畑で勝負する店主の和智幸之輔さん

店データ▶▶P119

中華そば しんの助

マイルド醤油スープにアットホームな雰囲気

ブラウンの木のぬくもりが活きる外観と店内。今でこそ多い和風ラーメン店だが、神奈川での先駆けとなったのはこちら『しんの助』だ。

店主は以前ラーメン店で働いていた時、試作で「家系ラーメン」と「無化調ラーメン」を出していたそう。その時に人気だったので、独立しても「無化調」。ゲンコツや国産鶏ガラの動物系と、真昆布や九十九里産煮干しなどの魚介系を合わせるダブルスープ。耳慣れたこの手法も、神奈川における先駆者はこの店。流行の魚粉を多用する系統よりもマイルドな仕上がりで、揚げネギや香りづけ油の香ばしさが引き立っている。

店舗の場所は建て替えのために数十メートルほど移動したが、店主と奥さん、アルバイトのスタッフによるアットホームな雰囲気は、2002年創業当時のまま。今日も地元客とともに優しい雰囲気を醸しだしている。

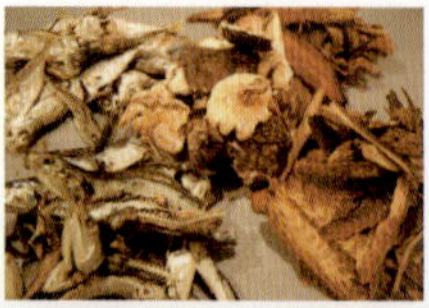

写真上／真昆布、日高昆布、九十九里産片口イワシ、アジ、宗太節、サバ、椎茸など様々な乾物を用いる　中／昭和的な良さを演出した日本情緒溢れる内装も和める　下／店主の川本博司さん。実は焼肉店もやりたかったそう

無化調

醤油	ヤマサ徳用しょうゆ（ヤマサ醤油）／純生しょうゆ（タイヘイ）		
味噌	ー	塩	伯方の塩（伯方塩業）
砂糖	ママ印 三温糖	料理酒	日本酒　※随時変更あり
みりん	本みりん（宝酒造）	酢	穀物酢（ミツカン）

得そば…900円／まろやかな醤油スープに、もちっとした中太のストレート麺。「得そば」は分厚くてジューシーなチャーシューが増量となり、飛び出しそうなほどとろとろの半熟卵も付く

ななえのあじのみせめじろかわさきびーてん
店データ▸▸P119

七重の味の店 めじろ ［川崎BE店］

様々な食材が顔を出し、幾重にも味が変化する

特製醤油…1200円／ネギ油や焦がしネギの風味もいい醤油ラーメン。口あたりの良い爽やかな醤油スープに、切刃24番のするするとした細ストレート麺。チャーシューや味付卵など具材も美味

新横浜ラーメン博物館の誕生で全国にできたラーメンテーマパークは、今や勝ち組と負け組が綺麗に分かれた。川崎の「ラーメンsymphony《シンフォニー》」はそうした成功例のひとつ。この『めじろ』は、その一角を占める店だ。

本店は代々木にあり、『七重の味の店』と称される名店。つまりは無化調で天然素材をふんだんに使用するため、食べ進むうちにスープの温度の変化とともに、様々な食材が顔を出し、幾重にも味が変化する。

ラーメンメニューは「醤油」「塩」「味噌」が三枚看板。いずれもベースは宮崎の鶏ガラや豚の背ガラに時間差で日高昆布やサバ、本ガツオ、香味野菜などを加えたスープだ。その透き通った見ためと味は、まるで美しき食材のハーモニー。こちらでは麺も自家製。加水率の高い、するりと舌触りの良い細ストレートタイプが楽しめる。

写真上／透き通るスープには、日高昆布や本枯節のほか、新鮮なニンジンやタマネギなどの野菜もたっぷり　中／川崎店を任されている店長の戸田悠太さんは、大学時代にこの味に惚れ込んで、弟子入り　下／塩、醤油、味噌が三枚看板

無化調（「昔のら〜めん」を除く）			
醤油	非公開		
味噌	赤味噌	塩	ヒマラヤ岩塩　など
砂糖	スプーン印 上白糖（三井製糖）	料理酒	日本酒
みりん	－	酢	穀物酢、米酢（ミツカン）

そうけいちじょうりゅうがんこはちだいめぶんけあきら

店データ▶▶P120

宗家一条流がんこ 八代目分家 味輝拉

しょっぱさ抑えめのがんこ系ラーメン

濃香芳凛麺（塩）…940円／通常のスープに、別どりした煮干しやサバなどの魚介系スープを加え、魚介風味をさらに引き立てる。モンゴル産の塩で、しょっぱさの中に甘みも。つるんとした麺の口あたりもいい

通称「がんこラーメン」は一条安雪氏を大将とするラーメンの一派。黒塗りの外観に「牛骨」がトレードマークだ。その八代目（東京・末広町）で修業を積んだ店主。元は調査会社で働いていたが脱サラし、地元で独立した。

味の系統はほぼ一緒だが「溝口にあわせ、しょっぱさをやや抑えめにしている」そう。豚骨や鶏ガラ、モミジ、昆布、煮干し、スルメでとった透き通るスープが特徴だ。

醤油は、鶏油入りの「アッサリ」、背脂入りの「コッテリ」、背脂少なめの「チョッテリ」、塩は、粉末にした桜エビが香る「エビ風味」とシソが爽やかな「シソ風味」。そのほか、醤油、塩ともにオリジナルの「濃香芳凛麺」がある。茹でた後に醤油ダレへ5時間浸けた、とろりんとした豚バラチャーシューも「がんこ」ならでは。「安全で体に優しい一杯を」と、無化調にこだわる姿勢も好印象だ。

写真上／昆布や煮干しのほかスルメも用いるため、独特の旨みがスープに溶け込む　中／店主・高橋章さんは東海大相模高校野球部の元投手。高校時代、県予選で準優勝した　下／黒が基調のシックな店内。中休みがなく、気軽に寄れるのも嬉しい

無化調

醤油	かずさむらさき特撰醤油（宮醤油店）		
味噌	−	塩	天外天塩（木曽路物産）
砂糖	−	料理酒	−
みりん	−	酢	−

しなそばのさと
店データ▸▸P120

支那そばの里

「ちぢれ細麺醤油味」の昔懐かしい味わい

『支那そばの里』は居酒屋である『ろばたの里』の中にある店。切り盛りするのは和服を召した女店主。朗らかな雰囲気がいい。もともと炉端焼き店を営んでいた店主の夫が、向かいにラーメン店を出したのが開業のきっかけ。なので今の味を作ったのも店主の夫となる。

「支那そば」というメニュー名が示すとおり、見ためも透き通る醤油スープには昔ながらの懐かしさが漂う。細縮れの卵麺も優しい味わい。分厚くて美味なナルトは、特に小田原の「みのや吉兵衛」から仕入れるこだわりぶり。「お子さんにも安心して食べさせることのできるラーメン」を心がけているそう。

もちろん居酒屋なので一品料理も充実。平塚直送の鮮魚の刺身や焼き物、地元名物のダチョウもある。ラーメンだけでももちろんOKだが、飲んだ後のシメに「支那そば」を味わうのもいいだろう。

写真上／店主の中里典子さん以下、スタッフがニコニコと接客してくれる　中／ラーメンのほか、手作りの煮物や、刺身、焼き物なども充実。「本日のおすすめ」も数種類　下／カウンターで語らうのもよし、小上がりでゆったりするもよし

支那そば…600円／鶏ガラベースのスープには、イカゲソやエビ、利尻昆布、煮干し、椎茸、タマネギなども使用。あっさりとした醤油ラーメンに縮れ細麺を合わせ、ほっとできる懐かしさが広がる

準無化調			
醤　油	醤油（井上醤油［相模原］）／こいくち（キッコーマン）　など		
味　噌	神州一（宮坂醸造）	塩	アルペンザルツの塩　など
砂　糖	スプーン印 上白糖（三井製糖）	料理酒	太助舟（キリンビール）
みりん	マンジョウ 本みりん（キッコーマン）	酢	米酢（ミツカン）

店データ▸▸P120

イツワ製麺所食堂

自家製のつけ麺を
アジアンな雰囲気で

まるでバリのウブドゥにいるかの如く開放的なアジアンリゾートの雰囲気。自然の風と日差しが心地良い。『一喜』『塩や』などをプロデュースする店主の、「麺」にこだわった一軒がこの店だ。

メニューは「つけ麺」がメイン。鮮度の良い豚肉や丸鶏を炊いた透き通るスープがベースで、タレによって「塩つけ麺」「担々つけ麺」「酸辣味噌つけ麺」「釜あげつけ麺」などのバリエーションを完成させる。

さらに「醤油」「塩」「味噌」「担々」「酸辣味噌」などの「スープ麺」と名づけられた、いわゆるラーメンの系統もラインアップしている。

『イツワ製麺所食堂』の麺は店舗裏の製麺所で作られる自家製麺。そのため、つけ麺350グラム、釜あげ300グラム、スープ麺200グラムまで、麺が同料金とお得なシステムになっている。麺の太さは太いタイプと細いタイプがあり、今時の極太モチモチ麺とは逆方向のつるりんとした食感のそれらは、北海道産100%の小麦粉が使われた、しなやかでのど越しの良さが全面に出る仕上がり。

ちなみに営業時間が昼のみと短いのは、「スタッフが明るいうちに帰れる配慮」だそう。「美味しく作るには、労働環境も大切だよね」と笑う店主に、ラーメン店の新しい方向性を感じる。

ベースになるスープに担々など数種のタレを合わせて、バリエーションを組み立てている

食材あれこれ

創業200余年「笛木醤油」の「金笛」を使用。杉樽方式でまろやかさと自然の香りが出る

無化調	
醤　油	金笛醤油（笛木醤油）
味　噌	白味噌、赤味噌（京都）／麦味噌（福井）
塩	生塩（中国産）
砂　糖	非公開
料理酒	玉乃光（玉乃光酒造）
みりん	―
酢	非公開

塩つけ麺…730円／美しく透き通る塩スープは牛脂と鶏油、ネギ油を用いた香味油も香るあっさりテイスト。太麺と細麺が選べるが、細麺で350グラムだとボリューム感あり。カツオベースの割りスープがつく

割り箸ではなく、沖縄チックな常備箸を用いる。環境へ配慮するとともに、雰囲気的にも良い演出に

店主の樋田幸二さんは、美容師、鉱石関係の会社社長など様々な顔を持っている

らーめんのとやま
店データ▶▶P120

拉麺 能登山

豚骨や鶏ガラなど動物系油脂は一切不使用

濃厚とろとろすーぷのらーめん甘口…700円／動物系不使用で濃厚なスープは、サバなどの魚介に肉味噌とピーナッツペースト、脱脂粉乳で組み立てる。麺は4種の小麦粉をブレンドし、しなやかでいてコシが

木目調のゆったりした店内。入口付近では自家製味付ゴマや岩手豚ベーコンなども販売され、安心への取り組みがひしひしと伝わる。

「以前は生協で12年働いていたんです」と店主。営業成績も良かったが朝から深夜まで働く日々。だが子どもが生まれたのをきっかけに「どうせ忙しいなら納得できる忙しさを」と脱サラし、ラーメン店主への道を選んだ。

『能登山』のラーメンは珍しい。豚骨、鶏ガラ、動物系油脂を一切使わない、無化調な一杯だ。味噌や料理酒、みりんなどは生協の商品を用いている。前職からの関係で、卵もウイルスやサルモネラ菌、抗生物質残留チェックを施した青森産にこだわる。さらに奥様の親戚が作る無農薬野菜も使用。それでいてメニューも「丸」「塩」「濃厚」「金の海老」など迷うほどたくさんある。そんな健康追求&楽しさで店は連日大盛況だ。

写真上／店主・能登山立さん以下スタッフの、向上心溢れる接客も抜群　中／ひとりでも家族連れでもくつろげる広い店内。押し寄せるほどの意気込みの書かれた文字が印象的　下／名物「ダシ入り玉子」は半熟卵に注射針でダシを注入する

準無化調			
醤　油	うすくち（サンビシ）		
味　噌	信州味噌（生協）	塩	海水塩（沖縄産）　など
砂　糖	スプーン印 上白糖（三井製糖）	料理酒	料理酒（生協）
みりん	本みりん（生協）	酢	酢（生協）

めんやどらごんきっちん
店データ▸▸P121

麺家 Dragon Kitchen

ラーメンのほか中華主体のメニューも充実

昼はこだわり和風ラーメンと日替わりランチ、夜は中華主体のオリジナル創作料理とアルコール。木目を基調としたダイニングキッチン的雰囲気の店内では、多様な料理を味わえる。

「自らもラーメン好き」と自負する店主の作る「和風ラーメン」は爽やかなテイストが特長。いち押しは「塩ラーメン」。ゲンコツなどの動物系とアゴ、煮干しなどの魚介系スープを別々にとる透き通ったスープに、貝柱やアサリ、ワタリガニなどで作った塩ダレを合わせる。麺は平打ちの中細ストレートタイプで、つるりとした舌触り。

まずは、昼に訪れて半ラーメンと一品料理、サラダなどの付いた、お得な「日替わりセット」を。そして夜には「パリパリサーモンサラダ」や「山芋とエビの湯葉包みカニあんかけ」など一品料理で一杯。

そんな2つの使い方が出来るのもこの店の魅力だ。

写真上／魚は煮干しのほか、アゴ（トビウオ）やサバ、カツオなど豊富に使用　中／ロッジのような木のぬくもり。2階に位置するため窓際は特に明るく眺めもいい　下／兄の植松康浩さんがラーメン担当、弟の正さんが中華料理の担当

無化調（和風スープ系のみ）			
醤油	本醸造（ヤマサ醤油）		
味噌	紅一点［赤］、紅一点［白］（岩田醸造）	塩	モンゴル太古の塩（JCKリンクス）
砂糖	スプーン印 上白糖、中ザラ糖（三井製糖）	料理酒	日本酒　※随時変更あり
みりん	本みりん（宝酒造）	酢	穀物酢（ミツカン）

パイコー麺（塩）…980円。天然モンゴル岩塩がバシっと効いたスープと、カレースパイスがじんわり効いたパイコー（豚肉揚げ）の組み合わせ。衣の脂が徐々に溶けると、スープが次第にまろやかに

店データ▶▶P121

らーめん 夢中

隠れ家系で味わう バランス良い一杯

神奈川県は起伏も多く、緑も溢れる地だ。特に藤沢は「湘南」としても知られており、美しい海もある。『夢中』は、そんな自然も旨さのひとつと言わんばかり。その立地条件から、流行の「隠れ家系」の一軒と言えよう。

店主は美容関係の営業マンだった。当時、神奈川の名店『塩や』のご主人と出会ったのを機に、ラーメン好きな自分もいつかは……と思い立ち、ラーメン界の門を叩いた。「無化調は修業先の影響ですね」と店主。逆に化学調味料の使い方が分からないと笑う。もっとも『塩や』は塩ラーメンがメイン。なのでこちらのいち押しである醤油ラーメンは自ら研究した賜物だ。いわゆる動物系と魚介系を別々にとり、寸胴で合わせるダブルスープ。骨類は前日に下茹でして血抜きをするなど丁寧な下処理が身上である。あまり煮干しのエグみが出ないよう、バランスを考えた結果、瀬戸内産の煮干しを用いるようになったのもこだわりのひとつだ。

また、面白いのは「花まぐろのあえそば」など、花ガツオではなく花マグロを用いた一品。「そのほうが上品さが出るので」という言葉が表すとおり、L字型カウンターのみの店内やラーメンは全てが丁寧で品のある雰囲気に包まれている。

瀬戸内海で採れた煮干しを使用することで、エグみの少ない、爽やかな魚介風味を加えることができる

無化調	
醤油	純正こいくち醤油（丸島醤油）／白醤油（キノエネ醤油）
味噌	赤味噌、白味噌（北海道産）
塩	シママース（青い海）
砂糖	スプーン印 上白糖、中ザラ糖（三井製糖）
料理酒	料理酒（キッコーマン）／泡盛（久米仙）
みりん	ー
酢	穀物酢（ミツカン）

醤油らーめん…600円／爽やかな旨みが広がる醤油スープに、中細ながらしっかりとした麺。干しエビや長ネギなどを用いた香味油も入れ、香ばしさをプラスしている

店主の長浜克美さん。柔らかチャーシューやとろとろ卵など、丁寧な仕込みも評判だ

丸島醤油の純正こいくち醤油。昔ながらの醸造方法で、カドのないまろやかな旨みが味わえる

めんやしょくどう
店データ▶▶P121

麺や食堂

食材のバランスが良い、丸く自然なラーメン

「決して足さず、引かず、ごまかさない」それが身上。食堂だった店を3代目がラーメン主体に切り替えた。

「良い食材を使えばいいってもんじゃない。バランスが大切だという事に気づいたんです」と店主。醤油でも食材でもひとつひとつを真剣に見つめ、何が合うかを考える。

スープは3種類。まずは羅臼昆布や瀬戸内の煮干しなどの魚介系、次に豚骨や丸鶏などの動物系、そして肉系。醤油には魚介系と豚骨系のダブル、塩には肉系も合わせたトリプルで組み立てる。逆浸透膜浄水器で作ったRO水を用いるため、スープはクリアな仕上がりだ。さらに麺も自家製で、北海道産「春よ恋」という小麦粉とモンゴル産天然かん水で打った細麺は、パツンとした歯ごたえとツルンとしたのど越し。

食材たちが内へ内へとバランスよく配合された、丸く自然なラーメンである。

写真上／2代目の父と3代目である店主の望月貴史さんが共に厨房に立つ　中／優しさと手作り感が伝わる、手書きのイラストが可愛い　下／木をふんだんに取り入れた店内は、昭和の懐かしさが。BGMにも昭和の歌謡曲が流れ、ほのぼのする

準無化調			
醤　油	本膳（ヒゲタ醤油）		
味　噌	石野の白味噌（石野味噌）	塩	浜菱（白松）
砂　糖	スプーン印 中ザラ糖（三井製糖）	料理酒	男の夢（平孝酒造）　ほか
みりん	本みりん（宝酒造）	酢	米酢（ミツカン）

味玉そば…750円／琥珀色をした醤油スープにはネギ油やハーブ鶏の鶏油がふんわり漂い、ホッとする味。麺をゆっくりと泳がせて茹でる平ザル方式のため、なめらかな仕上がり。見た目の美しさもピカイチ！

CHIBA

千葉

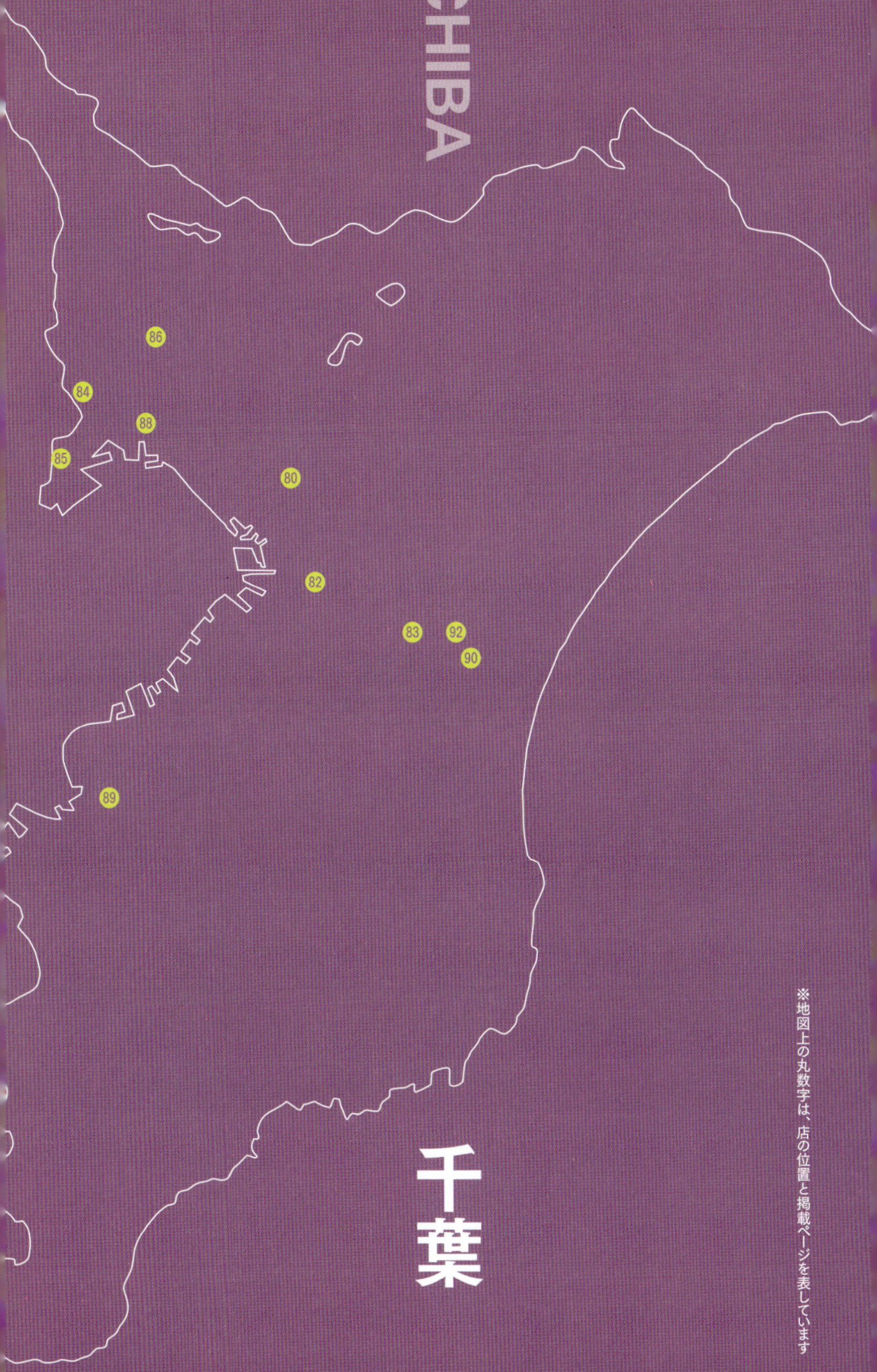

※地図上の丸数字は、店の位置と掲載ページを表しています

海空土

素晴らしき食材たちが見事にどっさり寸胴に

海＝煮干し、空＝太陽、土＝野菜。天然の素晴らしさを屋号につけた『海空土』。ラーメンにも、自然の旨みがふんだんに詰まっている。

カウンターごしに見える大きな寸胴には、食材がどっさり。ゲンコツ、もみじ、鶏ガラ、魚介系。特に煮干しの類は12キロ。ヒラゴ（マイワシ）やウルメイワシは熊本産、片口イワシは銚子産を使う。「時期により産地は変わることがある」そうだが、1時間かけて海産物問屋へ出向き、自ら目利きをして仕入れているという。

「アレルギーのお子さんでも食べられるラーメンを提供したいんです」とご主人。そのための手間を惜しまず、ラーメンを作る。自慢のスープが特に映えるのは「味噌らー麺」だ。麦味噌、信州味噌、八丁味噌などをブレンドした味噌ダレは、ざらりとした麦味噌の舌触りと甘み、そして一味唐辛子のピリ辛風味が効いている。この味噌ダレが魚介の前面に出たスープと真正面から手を結ぶのだ。ちなみにニンニク不使用の「ギョーザ」もおすすめ。千葉県産の野菜を用いるなど、地元を意識した姿勢も人気の一因だ。「飲み水も2層式で備長炭を使用してます」とこだわりも見せつつ、子どもが美味しいって言ってくれるのが一番嬉しいと笑うご主人だった。

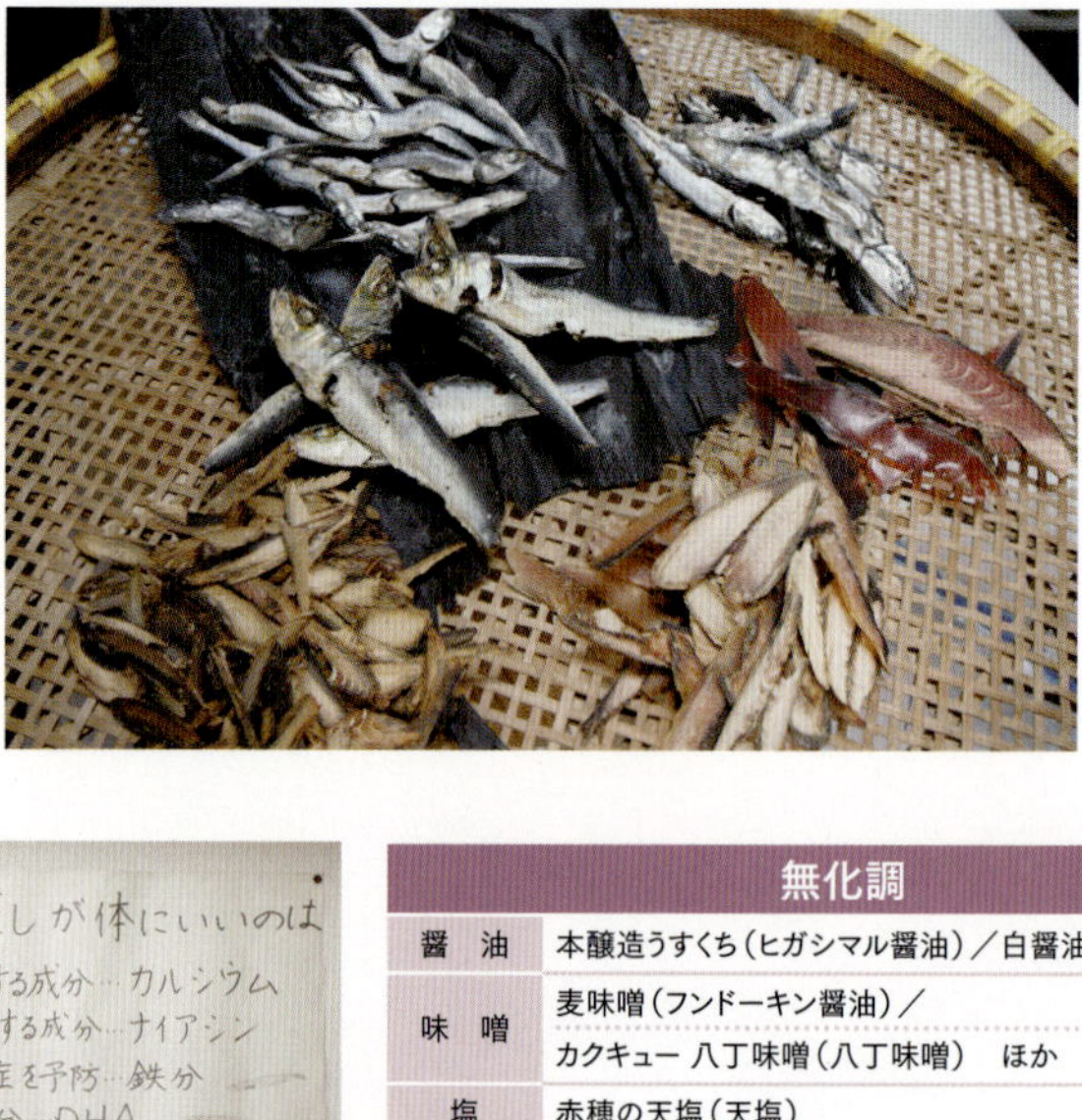

「体を作るのは食べ物だから」と特に食材に気を使い、健康面を真剣に見つめている

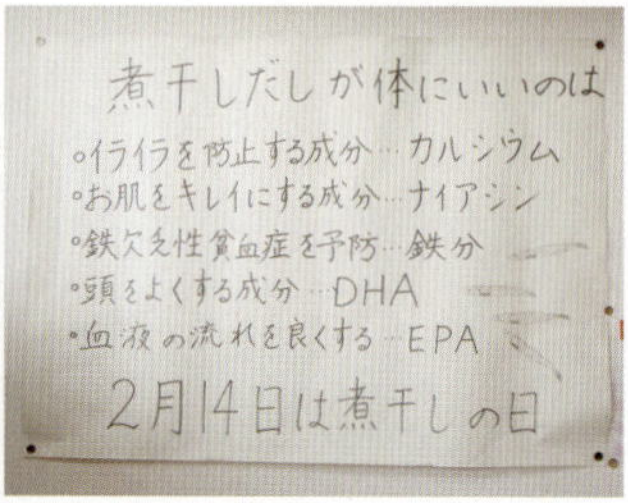
煮干しだしが体にいいのは
◦イライラを防止する成分…カルシウム
◦お肌をキレイにする成分…ナイアシン
◦鉄欠乏性貧血症を予防…鉄分
◦頭をよくする成分…DHA
◦血液の流れを良くする…EPA
2月14日は煮干しの日

無化調			
醤油	本醸造うすくち（ヒガシマル醤油）／白醤油（キノエネ醤油）		
味噌	麦味噌（フンドーキン醤油）／カクキュー 八丁味噌（八丁味噌）　ほか		
塩	赤穂の天塩（天塩）		
砂糖	スプーン印 三温糖（三井製糖）		
料理酒	―		
みりん	―	酢	すだち酢（山口食品工業）

味噌らー麺…900円／煮干しなど魚介の味が前面に出つつも、自然な味噌風味がバランス良く合わさった一杯。脂に頼らない自然の食材の良さが味わえる。草村商店では珍しい太麺を使用

スープは毎日継ぎ足して作る。浮かんできた煮干しが酸化しないよう、この後に背脂の塊で蓋をする

店主の楠田賢一さんは福岡県小倉の出身。柏市の『大勝』でラーメンを学んだ

らーめんにしかわ
店データ▶▶P122

らー麺 にしかわ

老若男女に愛される、全て手作りの一杯

地元の人たちに愛されるラーメン店。鎌取駅近くの『にしかわ』もその一軒だ。「特に凄い食材を使用しているわけではないですよ」と笑うが、麺もスープも具材も全て手作り。麺は中華そば用の細麺と、豚骨醤油用の太麺、つけ麺用の細麺と太麺の4種類。ラーメンには「特No.1」ほか3種類、つけ麺には「紫金山」を用いるなど、小麦粉にもこだわっている。それはスープも然り。鶏ガラ、モミジで鶏スープ、ゲンコツ、背骨、あばら骨で豚骨スープ、九十九里の煮干しやカツオの厚削り、真昆布の耳などで魚介スープを作り、中華そばは鶏スープと魚介スープ、豚骨醤油は豚骨スープと魚介スープを合わせるのだ。

「居酒屋や高級和食店で働いたけれど、いろんな人が美味しいと思って食べに来てくれるラーメンっていいですね」。その言葉どおり、老若男女が集うラーメン店。

写真上／全て手作りで提供したいと、麺も自家製。しかもメニューごとに変えるこだわり　中／塩は、海水をくみ上げ、サンゴの砂で濾過して炊き上げる「サンゴ塩」だ　下／独学なので、化学調味料を入れる概念すらなかったと店主の西川晶子さん

とんこつしょうゆら一麺…650円／マイルドな豚骨スープと煮干しの風味漂う魚介スープが合わさる。厚切りのチャーシューも美味。これでこの低価格は超お値打ちだ

準無化調

醤油	ヤマサ徳用しょうゆ（ヤマサ醤油）		
味噌	紅一点（岩田醸造）	塩	サンゴ塩
砂糖	ー	料理酒	鬼ころし（明石酒造）
みりん	本みりん（メルシャン）	酢	米酢（ミツカン）

めんやじゅこう
店データ▶▶P122

麺家 樹幸

雰囲気にもラーメンにもフレンチの香り残る

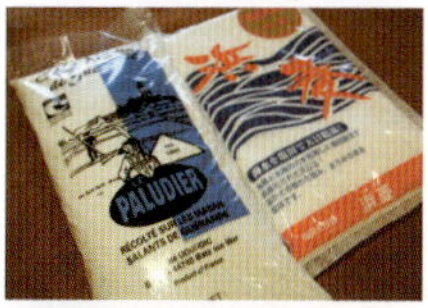

写真上／まるでステーキのような炙り焼きチャーシューがたまらない　中／江蘇省の塩やフランスゲランド塩などが味の決め手。粋な甘みが活きる　下／「お客さんの応援あってのお店」と店主の中島秀幸さん。奥さん、娘さんと仲良く切り盛り

緑豊かな千葉県随一の高級住宅街「あすみが丘」。その一角にある『樹幸』は、ピンク色を基調とした可愛らしい雰囲気が印象的な店。以前、店主はこちらでフレンチを提供していた。そのため、店内はカウンターとテーブル席が美しく並び、開放感溢れる空気が流れている。

スープは房総赤鶏の廃鶏を中心にタマネギ、ニンジン、セロリなど新鮮な野菜を使い、フレンチ出身ならではの火加減で、コトコトと煮込んでゆく。そばのかえしの如く、寝かせてから魚介を合わせた醤油ダレを加えて、「こくまろ醤油」や、風味豊かで後味すっきりの「あっさり醤油」を。天日塩と岩塩に魚介風味をプラスした塩ダレで「塩味」を作る。そのほかに「つけ麺」も提供。麺も極細、中細の2種類をスープに合わせて使い分けている。裏づけされた腕と経験で組み立てる、至極真っ当な料理店。

無化調（一部の限定メニューを除く）			
醤油	有機丸大豆の吟選しょうゆ（ヤマサ醤油）／本醸造特選丸大豆しょうゆ（八社会）		
味噌	－	塩	塩田天日塩 浜菱（白松）／ゲランド塩（フランス産）
砂糖	三温糖　※数種類使用	料理酒	米だけの酒（筑水）
みりん	本みりん（宝酒造）	酢	純米酢（ミツカン）

中華そば（塩味）…730円／利尻や羅臼の昆布、真昆布、乾燥ホタテや貝類を加えた塩ダレで、滋味溢れるスープに天然塩の甘みも広がる。塩味には鶏油とネギ油を加え、ふわっと漂う風味を演出

菜

フレンチ出身の技が反映されたラーメン

豚骨濃口醤油らーめん…650円／毎日継ぎ足して作る濃厚な豚骨スープに、カツオ粉などの魚介がバシっと効く一杯。鶏油も加わり、香りも豊か。国産小麦とモンゴルかん水で打った中太麺のインパクトも大

無化調			
醤 油	非公開（キッコーマン醤油）		
味 噌	赤味噌、白味噌、麦味噌（国産）	塩	海塩
砂 糖	ー	料理酒	ー
みりん	ー	酢	ー

確かな料理経験。それがあるとラーメンに活かせるのも事実。『菜』の店主は料理の専門学校を卒業し、フレンチの名店『ミクニ』やホテルの飲食部門で働き、独立。カウンターのみの店内を、ひとりで切り盛りしている。

「オープン当初は柏まで水を汲みに行ったり」と食材も半端ではない量や種類を使用していたそう。だが今は、厳選食材の旨みを如何に引き出すかに集中している。

例えばチャーシュー。フレンチの技法を用い、低温で7時間調理した一枚は、しっとりなめらかな食感。それは、美味しいを通り越して美しさまで感じさせる。スープは基本的に濃厚白濁豚骨と爽快清湯鶏の2種類。そこに醤油ダレか塩ダレをそれぞれ組み合わせる。特筆なのが醤油ダレも豚骨スープも継ぎ足しで作る点で、歳月が味により深みを与える。空間とともに時間をも味わいたい。

写真上／カウンターのみ8席の店内を、ひとり手際よく切り盛りする大塚憲司さん
中／うなぎのタレよろしく継ぎ足しで醤油ダレを作るため、カドがなく、丸みがある
下／タレに花ガツオ、スープに節、器に魚粉を用いる

めんやえいきち
店データ▶▶P122

麺屋 永吉

3つめの夢である、オンリーワンをめざす

黒を基調としたカウンターのみ5席。店主はもと服飾デザイナー。「デザイナーも夢でしたが、ラーメン店主にも憧れて」と店主。会社を辞め、洋食レストランで3年、さらにラーメン店で3年修業を積んだ後、独立した。

そんな思い入れたっぷりの一杯は地鶏ガラなどの動物系と、煮干しやサバ節などの魚介系を合わせた、厳選食材を使用したダブルスープ。醤油も3種類を用いるなど調味料にもこだわる。麺は、ラーメン用にモチモチつるつるの手打ち縮れ麺、つけ麺にはコシとのど越しが楽しめる平打ち太麺を使用。「毎日でも飽きない、体に優しくて美味しいラーメンを提供したくて無化調なんです」

これからは、2つの夢がかなったので、3つめの夢を叶えたいそう。それは「多くのお客様のオンリーワンの店」になること。大きな志が美味しさに反映している。

写真上／愛くるしいマスコットの「猫ちゃん」。煮干しの貢物で、お客を呼び寄せるのだ　中／カウンター5席と小さい店内は店主との距離も近く、かえってアットホーム　下／矢沢永吉をこよなく愛し、『永吉』の屋号をつけた店主の神尾伸二さん

特製つけめん…1050円／カドのない醤油テイストに爽やかな酸味と辛み、芳醇なる旨みが活きるつけ汁。分厚くて柔らかなチャーシューや濃厚な半熟卵、仕事が施されたメンマなども絶品

無化調			
醤　油	白醤油、丸大豆醤油（タイヘイ）／たまさ醤油（宮醤油店）		
味　噌	ー	塩	播州赤穂のにがり塩（マルニ）
砂　糖	スプーン印 上白糖（三井製糖）	料理酒	米づくり（平和酒造）　ほか
みりん	本みりん（宝酒造）　ほか	酢	穀物酢（ミツカン）

鎌ヶ谷市

博士ラーメン［本店別館］

栄養学的な観点から作られる健康的一杯

「かん水を入れていたら無化調って言えないのでは?」店主はそう笑った。千葉は鎌ヶ谷にある『博士ラーメン』。ビタミン研究の第一人者である医学博士にして栄養大学初代学長だった父を持ち、兄二人も博士という店主。

「自分自身が事業を興したくて。創業当時は札幌ラーメンが流行していましたね」

父や兄の助言を受けながら、「ラーメン＝健康」を追求する道を選んだそう。

まるで理科の実験のように計算されたスープは、豚骨や青森産丸鶏、インドマグロの頭、大網白里から直送の真イワシ、アジ、サバ、カツオ節、利尻昆布、香味野菜など豊富な食材から構成される。また、敷地に併設された研究所で日々作られる中太ウェーブ麺は、日清のカメリアなどの小麦粉を用い、かん水を使用せずに黒ゴマやギムネマシルベスタ、キャベツの汁などを練りこみ、美味しさとともに老化防止や発がん性物質の抑制も考慮している。

それでいて「特醸正油」は630円、「特蔵出し味噌ラーメン」は735円と低価格。もちろん、地元産の豚を使用した「手作りジャンボ餃子」も化学調味料不使用だ。「ラーメンを通じて生活習慣病をなくしたい」店主の、意気込みと元気の出るラーメンがここにある。

タマネギや長ネギ、ニンジンほか地元の香味野菜をふんだんに用い、自然な旨みを加えている

食材あれこれ

塩は最高級の沖縄自然海塩、醤油は創業元禄元年の茨城「柴沼醤油」のゴールドを使用

無化調			
醤油	金印（柴沼醤油）		
味噌	信州（土屋味噌醤油醸造場） 八丁味噌（まるや八丁味噌）／白味噌（丸又商店）ほか		
塩	自然海塩（青い海）		
砂糖	スプーン印 三温糖、上白糖（三井製糖）		
料理酒	日本酒　※随時変更あり		
みりん	マンジョウ 本みりん（キッコーマン）	酢	非公開

特醸正油ラーメン…630円／複雑で滋味溢れるすっきりとした醤油スープ。飲み進むほどに爽やかな旨みが押し寄せて来る。つるるんとした中太麺も健康的。濃厚な黄身が楽しめる卵は奥久慈のものを使用

店主の田中聖則さん以下、スタッフのコスチュームも博士をイメージした出で立ち

インドマグロの頭などを投入し、魚介の良さがダイレクトに溶け込んだ健康的なスープを作り上げる

麺屋あらき 竈の番人

修業の成果＋大量食材。こだわりも美味を生む

船橋駅から南へ約5分。POP調の派手なメニュー看板が目に飛び込んで来る。

店主が『麺屋武蔵』出身なので、店の随所にその片鱗を見てとれる。例えば「麺屋」という表現や、「ら～麺」なる表記。エビ油を作って注ぐところも修業先の成果だ。

だが、同じでありさえすれば良いということはもちろんなく、行列ができる今の成功は、店主の真剣さとさらなる研究によるもの。スープにはゲンコツ、鶏ガラ、背骨、背ガラに、大厚葉昆布や猫足昆布、高知産のカツオや薩摩産のサバ、九十九里の煮干しなどを使う。大量の食材もさることながら、煮干しは自ら買い付けに行くこだわりぶり。麺は強いスープに負けない、カネジン特注の中太麺だ。

メニューはトッピングや限定を除けば基本は「ら～麺」と「つけ麺」のみ。そのどちらかを求めて、今日も客足が絶えない。

写真上／店主自ら買い付けに行く九十九里産の煮干しなど。宗太節とサバ節の粉も用い、魚風味がビシバシ　中／店主の荒木康勝さんは、中華料理店の息子さん　下／赤を基調とした勢いのある内装。斬新な雰囲気も『武蔵』のDNAを受け継ぐ

味玉ら～麺…780円／動物系と魚介系の旨みが溶け込んだ醤油スープにエビ油を加え、インパクトの強いカネジン特注中太麺を合わせる。一見、濃いめに見える味玉は、中が半熟とろとろで見事な仕上がり

準無化調

醤油	ヤマサ特選しょうゆ（ヤマサ醤油）　ほか		
味噌	―	塩	伯方の塩（伯方塩業）
砂糖	スプーン印 三温糖（三井製糖）	料理酒	非公開
みりん	マンジョウ 本みりん（キッコーマン）	酢	米酢（ミツカン）

しらかわらーめんみちのく
店データ▶▶P123

白河ラーメン みちのく

『とら食堂』譲りの味を木更津で提供する

ネギ葱ラーメン…700円／ラーメンの上に、辛味をつけた白髪ネギと台湾産の揚げネギをトッピング。麺も「本場と同じにしたい」と白河の須藤製麺所から、多加水でぷるるんとした平打ち麺を仕入れている

写真上／秘伝の焼豚は木炭使用で、本物の焼豚だ　中／店主の鶴岡敏子さんは修業時代、自宅へ戻っては試作し、問題点をメモしては再度聞く、を繰り返した　下／ヤマサの本醸造新味しょうゆ。明るい醤油の色合いでスープの色が爽やかに

可愛らしい人形が飾られた食堂風の店内。開業は16年前だ。首都圏では昔から存在する白河ラーメンの系統。主婦だった店主が「ラーメン店をやりたい」と、週末に故郷・白河の『とら食堂』へ通い、ラーメン作りを教わった。

一番の特徴は「焼豚」。一斗缶に自作の金串をエックス状に渡し、肩ロースのチャーシューを釣り下げ、それを木炭で燻した後、煮込む。縁がピンク色に染まった焼豚には、肉の旨みが詰まっている。

ラーメンの作り方は本家譲りだが、時にオリジナルも。例えば鶏ガラやゲンコツ、香味野菜でとった醤油スープには、まろやかさも加えたいと真昆布を使用している。この材料で、今どきラーメン一杯500円、学生なら380円という低価格だ。

「近所の学生さんもたくさん来てくれるから、値上げするのも可哀想だし」と微笑む店主の気持ちが嬉しい。

準無化調

醤油	ヤマサ新味しょうゆ［本醸造］（ヤマサ醤油）		
味噌	本場信州味噌（マルコメ）ほか	塩	精製塩（塩事業センター）
砂糖	スプーン印 上白糖（三井製糖）	料理酒	－
みりん	－	酢	－

花キッチン

空や花やクラシックで 癒しの空間も広がる

空が高い。周囲には田園地帯が広がり、ゆったりとした時が流れている。『花キッチン』は店名どおり、庭に美しい花が咲き誇る店だ。

店主は元々、横浜で中華料理関係の仕事をしていた。その後、大網白里町へ越してきてから、自宅のリビングでラーメン店を始める。

良い意味での「不思議なラーメン店」だ。動物系にはゲンコツ、鶏ガラ、丸鶏、野菜、魚介系には襟裳直送の日高昆布、枕崎の宗太節、サバ節、九十九里の煮干しなどを用いたダブルスープ。調味料も宮醤油店やイタリア海塩など厳選したものを使用。だが、そうしたことを決して誇張せず、クラシックを静かに流す店内には、むしろほのぼのとした癒しの空気が漂う。「奥さんと二人だけだし、自宅だしね」と店主。そんなアットホームな雰囲気に惹かれて、遠方からもお客が訪ねてくるのだろう。

ラーメン、ワンタン、つけ麺、金ゴマタンタン麺、肉まん、パオ、シュウマイ、餃子。目移りするほどたくさんのメニューが揃い、さらにミニミニから大盛りまで自分に合ったサイズを指定可能。食後のコーヒーなども100円で提供してくれるこの店は、都会の喧騒を忘れて、しばしのんびりと休息するにはもってこいの一軒なのだ。

野菜は地元である南横川の無農薬野菜にこだわる。入り口では朝採り野菜の販売も行っている

食材あれこれ

醤油は千葉の老舗・宮醤油店の「たまさ醤油」や「特級うす塩しょうゆ」などを用いる

無化調

醤油	たまさ醤油、特級うす塩しょうゆ（宮醤油店）
味噌	米麹味噌（大網藤屋）
塩	イタリア海塩（Antica Salina）／古代塩（中国福建省産）
砂糖	素焚糖（大東製糖）
料理酒	蔵そだち（賜杯桜酒造）
みりん	マンジョウ 本みりん（キッコーマン）
酢	鎮江香醋（中国産）

金ゴマタンタン麺…850円／金ゴマを用いた自家製の芝麻醤や自家製のラー油、中国黒酢、辛味噌などを透き通るスープに合わせた担々麺。まろやかなゴマペーストの中でピリ辛テイストが下支えしている

北海道は襟裳直送の日高昆布をはじめ、豚肉は房総ポークCを用いるなど、健康的食材しか使用しない

体に良い料理をと、化学調味料を使用しない店主の成清茂さんは千葉へ越して7年

らーめんみたけ
店データ▶▶P124

ラーメン みたけ

水の良さも活きる完全ダブルスープ

「早期退職者制度が出来た時、嬉しくてすぐに両手両足挙げちゃった」。都内の百貨店から独学でラーメン店主へ。そして7年を経た今、大網駅近くの有名店となった。「自分が毎日食べられる飽きの来ない味」を追求したスープは、動物系6に魚介系4の割合を小鍋で合わせた完全ダブルスープ。きちんとした食材をきちんと使う、そんな言葉がぴったりの一杯だ。動物系には国産のゲンコツや愛知の鶏ガラ、モミジ、野菜。魚介系には九十九里産の煮干しや枕崎産の本ガツオ、宗太節、サバ節、真昆布など。特に角煮には地元のデリシャスポークという豚を用いるなど、地産地消の考えも持つ。「美味しく出来たのは立地かな。飲み水は浄水器だけど、スープとかには水道水なんですよ。やっぱり水の良さは大切ですね」。店のスタッフもみんなニコニコ。素敵なオーラに満ち溢れている。

写真上／父親が『三竹』というそば屋を営んでいたという、店主の池田経雄さん　中／JR高架下を有効活用した店舗。カウンターのみだがゆったりとした造りで、和の趣きもいい　下／茶濁したスープには、特に魚介の良さが際立つ

無化調（餃子を除く）

醤油	こいくちしょうゆ、うすくちしょうゆ（ヒゲタ醤油）		
味噌	ー	塩	塩田天日塩 浜菱（白松）
砂糖	スプーン印 上白糖（三井製糖）	料理酒	日本酒
みりん	本みりん（宝酒造）／マンジョウ 本みりん（キッコーマン）	酢	穀物酢（ミツカン）

特製ラーメン（全部入り）…980円／しみじみ旨い動物系スープに千葉の魚介の良さが溶け込んだ醤油ラーメン。特に「全部入り」は、甘さが際立つ半熟卵と柔らかな角煮が入り、美味

SAITAMA

※地図上の丸数字は、店の位置と掲載ページを表しています

埼玉

匠

匠流つけ麺…650円／ロースト焼きエビとカツオなどでとった香味油の深みも活きるつけ汁。とろみのある濃厚タイプと干し梅の隠し味が効いたあっさりタイプから選べる

きちんと区画された製麺室で麺を作る。製麺機はうどんでも定評のある大和製作所のものを使用

自家製麺をはじめ、麺、スープ、具材、全てを手作りで提供している店主、望月智行さん

完全無化調の『匠』が自家製麺で浦和に戻る

自家製麺を始めるため、一時期、春日部に移転していた『匠』が浦和に戻ってきた。店頭には光り輝く看板、店内はブラウンを基調としたシックな佇まい。

今でこそ厳選食材や丁寧な仕込みで定評のある店だが、オープン当初は完全無化調とは言えなかったそう。「納得いかずに一カ月店を閉め、醤油を探して歩いたんです」と店主。食物アレルギーの子どもを持つ夫妻がお客にいたが、「ここのラーメンだけは食べられる」と言われ、真剣に「無化調」を見つめるようになった。〝丁寧な仕事〟という言葉がぴったり合う。

国産ゲンコツやモミジなどでスープをとり、冷やしてから脂を取り除いた後、千葉県産片口煮干しや4種類の煮干しなどを用い、寝かした後に抜き出す。その後さらに追いガツオを。麺は国産小麦粉100%で、風味の埼玉産「農林61号」、モチモチ感の「あやひかり」、バランスを考慮して「春よ恋」を使う。中太麺と太麺を作り、ロースト小麦胚芽をブレンドした太麺も提供。そのほか、限定メニューでは全粒粉も合わせるそう。

こうして完成する一杯は「干梅豊香麺」「とろみ濃厚麺」などのラーメン系と、「濃厚」「あっさり」などのつけ麺系がある。幅広いラインアップに思わず目移り。

環境問題を考え、箸を割り箸から「eco箸」へ。しかも、洗浄、オゾン殺菌、密封包装の珍しいタイプだ

食材あれこれ

アボカドオイルを麺に練りこみ、つるつるでなめらかな食感を演出している

無化調	
醤油	筑波（清原醤油）／生醤油（清原醤油）
味噌	―
塩	岩塩（イタリア産）
砂糖	オーガニック黒糖（オーガニックファーマーズクラブ）
料理酒	―
みりん	―
酢	―

店データ▶▶P124

麺屋 六文銭

食べ応えのある野菜入り濃厚つけ麺

特製もりそば（トッピングに玉子、キャベツ）…880円／野菜もとれる満腹の一品。白ネギではなく京都から直送の九条ネギを用いている。食べ終わった後は、つけ汁をスープで割る〝スープ割り〟も

つけ麺で自ら化学調味料を入れないラーメン店は少ない。だが、『六文銭』はそれをやってのけた。

「大変なんですよ、材料代もかかるし」と店主。大学卒業後、企業へ就職したが、ラーメンの魅力にハマる。30センチの寸胴を購入しては自作に励み、ついに東池袋『大勝軒』の門を叩いた。

こちらのつけ汁は、ゲンコツや鶏の胴ガラ、煮干し、サバ節、野菜などを使った濃厚タイプ。砂糖、酢、一味と韓国産の唐辛子で、甘辛酸っぱく仕上げる。そこに、外側はツルンとしつつも内側はモッチリとした自家製麺。ニンニクは青森産を使用するなど、食材をきちんと選びつつも、食べ応えのある量を提供するのは並大抵のことではない。さらにこの店も、すべての調味料がアミノ酸を含まない完全無化調。その心意気が伝わるのか、いつも大盛況。

写真右上／自家製麺は、かちどき製粉の小麦粉のほか日本製粉の北海道産のものも用い、ねばりと香りを強調している　右下／ザックリとした食感のメンマは存在感たっぷり　左／スタッフのコスチュームもお洒落

無化調			
醤油	うすくちしょうゆ（ヒガシマル醤油）／白醤油（キノエネ醤油）		
味噌	ー	塩	食塩（ダイヤソルト）
砂糖	スプーン印 上白糖（三井製糖）	料理酒	旬味（仁井田本家）
みりん	ー	酢	末広酢（ミツカン）

めんや 丸平

3種類の鶏で取った白湯スープが自慢

引き戸を開けて店内に入れば、カウンターと仕切りのあるテーブル席。街のホッとできる食堂のような佇まいの中で、うどんとラーメンが味わえる。北海道のホクシン100%で打った、しなやかなストレート麺からも分かるが、製麺所からスタートしたこの店は、小麦粉の使い方が上手だ。そしてスープのこだわりは鶏。通常のラーメンには国産親鶏の丸鶏だが、いち押しの「地鶏白湯ラーメン」には鳥取の大山地鶏の丸鶏をメインに、烏骨鶏や埼玉軍鶏などを用い、さらに野菜でとろみもつけている。塩ダレには羅臼昆布や天城の椎茸、ホタテなど数十種類の厳選食材が溶け込んでいるそう。スープをひと口味わうと、乳化した優しい甘さと独特の旨みが口中に広がった。中休みのない店なので、夕方にふらり立ち寄って、テレビを見ながらゆったり。そんな楽しみ方も『丸平』の良さだ。

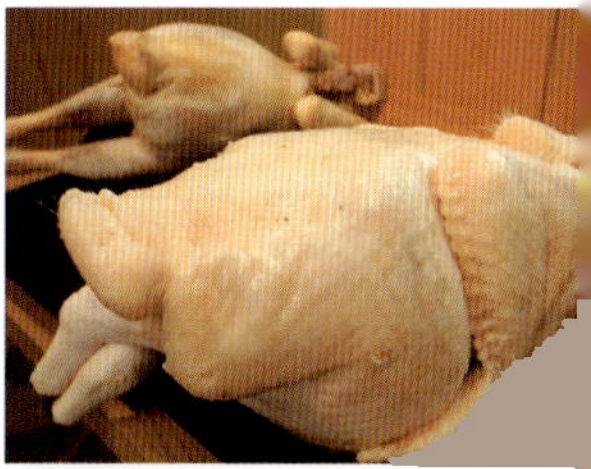

写真上／大山地鶏の丸鶏など。作ったスープは小分けにして冷凍する　中／北海道産の小麦粉を用い、爽やかな口あたりの麺に　下／ラーメン職人歴の長い、店長の小村久幸さん。「ラーメン作りは天職」と思い入れたっぷり

地鶏白湯ラーメン…850円／鶏の旨みがじゅわっと溶け込んだ塩スープ。するりとしたストレート麺との相性もぴったりだ。ふわっと感じる甘さは、鶏や野菜から出たものだそう

無化調			
醤油	特選丸大豆こいくち、特選丸大豆うすくち（ヤマサ醤油）		
味噌	–	塩	100％自然海塩（国産）
砂糖	–	料理酒	–
みりん	–	酢	–

麺匠 喜楽々

食材と製法を真摯に見つめる姿が輝く

様々な食材を追究するラーメン店のひとつ、『麺匠むさし坊 東川口店』が2007年、田山店長のもと『麺匠喜楽々』としてリニューアルオープンを遂げた。

以前の食材に対する真摯な姿勢はもちろんそのまま。文字通り「埼玉のラーメン店を代表する一軒」。醤油は弓削多醤油の「吟醸純生しょうゆ」やチョーコー醤油の「超特選うすむらさき」など数種類を用いる。その他の調味料も中村カイロ協会の「オーガニックシュガー」や、やまつ辻田の「柚子七味」、飯尾醸造の「富士酢」などまさに厳選調味料しか使用していない。

野菜も畜産物も全て国産。無化調なのはもちろん、「卓上の塩昆布を無添加に変えました」と田山店長。

メニューは「喜楽々らー麺」「塩らー麺」「濃厚担々麺」などのほかに限定も。こちらではもちろん麺も自家製。埼玉産の「ハルイブキ」や「キング」「萌」の3種類の小麦粉をブレンドしたものに、モンゴル産かん水を使用し、ラーメン用に角刃で細麺と太麺、つけ麺用に薄刃で太麺の3種類を打ち分けている。

今までは前店の絡みもあったが、「これからは独自性もプラスしていきたい」そう。全身全霊を込めて真面目に厳選食材や製法を見つめる姿勢が輝いている。

しなやかな細麺やコシのある太麺などを自家製麺。埼玉産の小麦粉も使用するなど地産地消の考えもいい

無化調			
醤　油	吟醸純生しょうゆ、純生しぼりたて、さしみ用高麗王むらさき（弓削多醤油） 超特選うすむらさき（チョーコー醤油）		
味　噌	無添加味噌（チョーコー醤油）／田舎みそ（ヤマキ）		
塩	ベトナム特製 カンホアの塩（鹽屋）／岩塩（モンゴル産）		
砂糖	オーガニックシュガー（中村カイロ協会）		
料理酒	蔵の素（大木代吉本店）		
みりん	三州三河みりん（角谷文治郎商店）	酢	富士酢（飯尾醸造）

喜楽々らー麺…720円／阿部鶏のモミジや国産種鶏の丸鶏、真昆布や瀬戸内の煮干しなどでとった、芳醇な鶏白湯醤油ラーメン。醤油ダレに飯尾醸造の「富士酢」まで用いてこの価格に抑えているのは驚愕

函館の真昆布、瀬戸内の煮干しのほか、カツオ、サバ、干しエビなど天然素材がスープにふんだんに溶け込む

店長の田山裕二さんは、阪田さんと全国に食材探しに出かける仲。今後の独自性も楽しみだ

食材あれこれ

ラーメンには吟醸しょうゆ、つけ麺には再仕込みなど数種の調味料を料理に応じて使い分ける

支那そば 一本気

比内地鶏の旨みが出たスープに細縮れ麺

支那そば…680円／比内地鶏の旨みが全面に出た一杯。モモとバラのチャーシューのほか、比内地鶏のつみれものる。海苔で巻かれたホウレンソウに料理人としての、ひと手間加える心意気を感じる

木目のL字型カウンターに、四角い和風のイス。その上には2枚重ねの座布団が。2007年に朝霞台からみずほ台へと移転したこの店の店主は、その内装どおり和食出身だ。秋田は比内町の出身ということもあり、「きりたんぽ」のイメージから誕生したラーメンは、比内地鶏のガラとモミジ、青森の赤鳥である常盤鶏の丸鶏から動物系を、そしてカツオ、サバ、サンマ、2種類の煮干し、ホタテ貝柱、むき干しエビなどから魚介系をとり、小鍋で合わせる。器には比内地鶏で作った鶏油も浮かべ、旨みをさらに加えている。ちなみに卵も比内地鶏の味付卵使用だ。麺は自家製。切刃22番の細い縮れ麺を店主自ら毎日打つ。営業時間は昼間のみと短いが、毎朝5時半に店に出て、全て片付け終わるのが21時頃。ラーメン店は想像よりもずっとハードな仕事なのだ。

写真上／醤油は、埼玉県の朝霞台にある塩味醤油醸造の「ヤマヤナギ木桶醇造り」も使用している　下／「一杯のラーメンでも世界一の真心をつくせる」がモットーの店主・佐藤晃一さん

準無化調			
醤油	ヤマヤナギ木桶醇造り（塩味醤油醸造）／吟醸醤油（ヤマサ醤油）		
味噌	ー	塩	赤穂西浜の手塩（三井製糖）
砂糖	ー	料理酒	料理のための清酒（宝酒造）
みりん	本みりん（宝酒造）	酢	米酢（ミツカン）

ひのくるま
店データ▶▶P125

燈の車

絶妙なバランス感覚！ ダブルスープ醤油味

午後7時。暗闇にパッと明かりが灯り、営業が始まる。と同時に、待ちわびたお客が次々と店内へ入る。

夜のみの営業である『燈の車』は、埼玉は狭山市にある人気店。服飾関係出身の店主は和食店で調理の基本を学んだが、ラーメンは独学だとか。ラーメン好きが昂じて店を構えるに至った。

まろやかな動物系の旨みの出たスープは、鶏ガラとモミジ、ゲンコツ、豚の背ガラなどを用いる。一方、気仙沼のサンマや長崎のアゴ、イワシなどでとった魚介系スープも作り、両者を寸胴で合わせる。全体的にバランス良くまとまっているのは、それを一旦冷やし、注文毎に手鍋で温めて提供しているから。スープを口に含むと貝の旨みもほんのり。醤油ダレに北海道、猿払のホタテやエビ、その他の魚介類も合わせている効果が、じんわりと口の中で広がる。

写真上／ホタテの旨みも溶け込んだ醤油ラーメン。さらに気仙沼のサンマなどで味に深みを与える　中／奥さんと二人三脚で頑張る店主の宮永健彦さん。アットホームな雰囲気も魅力　下／黒を基調とした和風モダンな店内はシックで落ち着ける

無化調			
醤油	本膳（ヒゲタ醤油）		
味噌	－	塩	天外天塩（モンゴル産）
砂糖	－	料理酒	清酒［本醸造］
みりん	本みりん（宝酒造）	酢	黒酢［つけめん用］

特製ラーメン…900円／まろやかでほんのり甘めな豚骨鶏ガラ魚介醤油ラーメン。「特製」だと、通常バージョンにチャーシューが増量となり、ちゅるんとした「味付玉子」がのる。穂先メンマの食感も美味

よし丸

豚骨無化調ラーメンが味わえる貴重な一軒

「すべての食材に、体に有害な化学調味料、防腐剤は入っていません。安心です」

店内に入るとそう書かれた黄色い張り紙が目に飛び込んできた。『よし丸』は、豚骨ラーメンも提供する店として貴重な無化調の一軒だ。

こちらではスープを2種類用意している。豚骨は豚頭をガンガン煮込んだとろみのある白濁スープ。そして和風は煮干しやサバ、利尻昆布などでとった滋味深い透き通るスープ。「豚骨ラーメン」はその豚骨スープ、「和風ラーメン」は和風スープ、そして「よし丸ラーメン」は両者を合わせた醤油スープ。他にもフルーツなどで甘みを出した「味噌ラーメン」やモチモチ麺が特徴の「つけめん」もあり、バリエーション豊かだ。

店主は以前、鉄鋼関係の商社の営業マンだった。「趣味でラーメンを自作するようになって、案外美味しくできたので」と笑いながらラーメン店主になったいきさつを語る。もともと家庭にも化学調味料はなかったし、入れなくても完成した、というのが無化調たる経緯だ。

また、自家製麺は、ラーメン用の中太と、つけ麺用の太麺の2種類。安全を考慮し、かん水少なめで国産小麦を使用したタイプである。その日に作った麺は、その日の内に提供している。

豚骨と魚介系のダブルスープ。こちら魚介系のスープは「和風ラーメン」と「よし丸ラーメン」に使用する

食材あれこれ

サバ節も煮干しも昆布も「これでもか!」と投入する。原価も高いが、スープのレベルも高い

無化調

醤油	こいくち（キッコーマン）
味噌	紅一点（岩田醸造）
塩	伯方の焼き塩（伯方塩業）／オホーツクの自然塩（つらら）
砂糖	スプーン印 三温糖（三井製糖）
料理酒	アミノ酸不使用の日本酒　※随時変更あり
みりん	マンジョウ 本みりん（キッコーマン）
酢	穀物酢（ミツカン）

よし丸ラーメン…750円／ミルキーな奥深い豚骨スープと、魚介の旨みが前面に出た和風スープをブレンドした醤油テイスト。北海道産100％の低加水麺は小麦の風味を感じる

北海道産小麦粉を用いた自家製麺。舌触りの良い中太と、モチモチの太麺あり

店主の栗原義彦さんは、若い頃から『ホープ軒』『土佐っ子』などラーメンを食べ歩いていた

麺屋 信玄

最強のラーメン武将を目指す研究熱心な店主

塩らーめん由布姫…750円／国内産鶏ガラ、モミジ、丸鶏などでとったスープに鶏油もプラスした風味豊かな爽やか塩ラーメン。二黄卵の半熟卵や鶏チャーシュー、国産小麦100%の細ストレート麺

鶴ヶ島市の新興住宅地に2006年、ひとつのラーメン店が誕生した。『麺屋信玄』。最強の戦国武将とも言われる武田信玄から取った屋号だ。店内には、バロック音楽などが流れ、やすらぎの空間となっている。

ラーメンメニューは「醤油」「和風」「豚骨醤油」「塩」「つけめん」など幅広い。これらは鶏スープと豚骨スープと魚介スープの組み合わせで構成される。つまり、醤油と塩が鶏スープ、和風が鶏と魚介スープ、豚骨の類が豚骨スープ。

この店の無化調ラーメンは「塩」系統。「塩」「塩和風」「塩豚骨」の3種類で、それぞれハマグリやアサリなどの貝でとった塩ダレと合わせる。

また、いわゆる二郎インスパイアと呼ばれる、背脂醤油に野菜炒めなどがのる「勘助らーめん」なる一品も。地元の弓削多醤油を用いたりと研究熱心な店主なので、今後の限定メニューも楽しみだ。

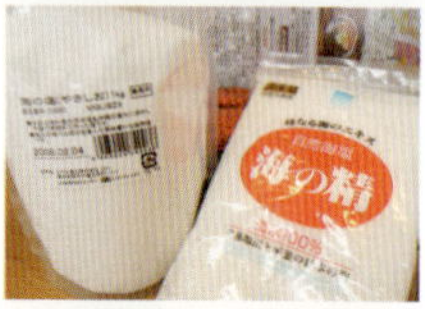

写真上／両親とともに頑張る佐藤裕介さん　中／「海の塩」や「海の精」などを用いた塩スープは、ミネラル分が豊富で自然な甘みも広がる　下／実は店主が双子のため、二黄卵にこだわる。地元の中島養鶏所のものを使用

無化調（塩系統のみ）			
醤油	丸大豆醤油、特級（弓削多醤油）	味噌	―
塩	海の塩［やきしお］（ユウキ食品）／海の精（海の精）		
砂糖	―	料理酒	米だけの酒（白河銘醸）
みりん	本みりん（メルシャン）	酢	赤酢（ゆうき食品）

あぢとみしょくどうふきづかてん

店データ▶▶P126

あぢとみ食堂［吹塚店］

食堂からラーメン店へ。2代目の進化！

　時代は常に移りゆく。それは偽らざる真実だ。飲食店もその時流に合わせて変化しなくては生き残れない。『あじとみ食堂』は1965年に創業した老舗格で、店名どおりの「食堂」だった。それを現在のラーメン主体に変えたのが2代目店主。「そうしなきゃ生き残れなかった」と語る一方で「博打でしたね」と当時を振り返る。

　スープは鶏ガラやモミジなどの動物系と、片口イワシとアジなどの魚介系を小鍋で合わせて温める完全ダブルスープ。動物系と魚介系の割合を、細麺は7対3、太麺は5対5と調整する。さらに鶏油と3種混合節を入れ、地元養鶏場からのイーデス卵を使用した味付卵をのせればできあがりだ。

　現在は美味しい餃子作りにも没頭しているそう。そしてゆくゆくはまた「美味しいラーメンもある食堂にしたい」と意気込んでいる。

写真上／店主の中村大地さんは湯島の『大喜』でもラーメン作りを学んだそう　中／千葉から直送の片口煮干しやモンゴル産天外天塩など食材も厳選　下／店内の雰囲気はまだ食堂そのもの。テーブル席が主体で家族連れでも気軽に来れる

無化調（餃子を除く）

醤油	ヤマサしょうゆ（ヤマサ醤油）		
味噌	ー	塩	天外天塩（モンゴル産）
砂糖	スプーン印 上白糖（三井製糖）	料理酒	のものも（大関）
みりん	本みりん（宝酒造）	酢	穀物酢（ミツカン）

正油細麺…680円／4月からレギュラーメニュー化した細麺バージョン。鶏の旨みと爽やかな魚介テイストが優しくまとまった一杯だ。するりとした細麺はのど越しもいい

和風らーめん 大家

2種類の麺に合わせてスープの味も2種類

東武東上線つきのわ駅より徒歩15分。『大家』はポツンと建っている。「これでも道路ができて、周囲に家が建ったので、少しは良くなったんです」と店主が笑う。元々、店主の母親が居酒屋を営んでいた場所で、独学にてラーメン店を始めた。

こちらの麺は2種類。太麺ストレートタイプは、国内産と外国産をあわせた小麦粉で、うどん的なむっちりとした食感が印象的だ。一方、普通麺縮れタイプは、国内産小麦粉100%で、しなやかな口あたりが楽しめる。

スープも麺とのバランスを考慮して2種類。普通麺を用いた「和風らーめん」は優しい風味の動物&魚介スープ。対して太麺を用いた「和風太麺」はそのスープにカツオ粉と鶏油を多めに注ぎ、タレの味も濃いめに仕上げてインパクトを重視している。立地もラーメンも自然な味わいに溢れている一軒。

写真上／市場に自ら足を運ぶほか、信頼できる問屋さんから魚介などの食材を調達　中／コンピューター関係から脱サラした鈴木伸也さん。お母様と一緒に店を切り盛りしている　下／居酒屋の雰囲気が残る、くつろげる空間が広がる

無化調

醤油	丸大豆醤油（国産）		
味噌	ー	塩	福塩（中国福建省産）
砂糖	スプーン印 上白糖（三井製糖）	料理酒	純米酒（国産）
みりん	本みりん（宝酒造）	酢	穀物酢（ミツカン）

和風塩らーめん…700円／背ガラをメインに鶏ガラなどでとったスープを一晩寝かし、翌日、利尻昆布やカツオ厚削りなどの魚介をあわせる。ホタテ貝柱や干しエビなどの旨みも溶けた塩ダレがいいあんばい

刊行記念対談

取材を終えて

じわじわと広がる「無化調」の波
業界の流れを体感する両氏が
「無化調」の現状を語る

はんつ遠藤氏 × 阪田博昭氏

業界初となる「無化調ラーメンガイド」が誕生するには、このふたりの存在なしにはありえなかっただろう。はんつ遠藤氏、そして阪田博昭氏。両者の豊富な知識・経験そして勇気（笑）があればこそ実現した企画である。69店の取材を終えた今、改めて「無化調ラーメン」の魅力について熱く語ってもらった。

写真左から、阪田博昭氏、はんつ遠藤氏

無化調ラーメン店は店そのものがオーラを放つ

はんつ： 阪田さんから「一緒に無化調ラーメンの本を創りませんか!」と声をかけていただいた時は、正直びっくりしました。今さら無化調？ というのが第一印象です。実際、無化調が流行った時期もありましたが、当時は「当店は無化調です」的な貼り紙ばかりが目立ち、「無化調」と美味しさが結びつかず、単なる流行として消えていった。そんな印象を持っていました。

でも今回、改めて調べてみると首都圏だけでも何百件もあり、確実に増えていたという現実に驚きました。そして、無化調と知らずに食べていたお店がそうだったという真実。これは面白そうだなと思いました。

実際にお店を回ってみて、とにかく取材が楽しい。一生懸命に話してくださるご主人の目が輝いているんですね。お店全体からオーラが出ている！ また、清潔なお店が多く、写真の仕上がりも輝いて見えました。店主の姿勢が表れますね。

阪田： 作り手としても無化調ラーメンは全ての工程が楽しいですね。もちろん、全国各地の食材探しも含めて。

無化調を始めるきっかけはそれぞれですが、自分の場合は、お客さまに飽きのこない美味しさを提供し続けたい！ 身体によくな

三世代同居だったせいか、家庭に化学調味料がなく、知らぬ間に無化調生活を送っていました。自分の食の原点がそこにあることが、今回の取材に役立ったかも

いものは提供してはいけない！という考えが根本となっています。それと同時に、職人としての腕を磨きたい！という想いですね。うま味調味料を加えることで、雑な味も簡単にまとまりますから。でも、それを使わないことで、どうしたら「本物の旨み」を引き出すことができるのか？もの足りなさをどうすれば補うことができるのか？その壁はかなり高いですよ（笑）。無化調でも美味しくなくては意味がありませんから。

　そのためには、素材本来の味を知らなくては、と素材にのめり込んで行く訳です。素材本来の味、クセを知っていればこそ、その特性を旨みに変えることができるんです。

無化調ラーメンを支える生産者の情熱に感謝

はんつ：取材で一番感激したことは、素材だけでなく調味料について公開してくださったお店が多かったことです。今まで、調味料についてこんなに詳しく取材したことがなかったので、とても勉強になりました。インターネットの普及で、全国の食材や調味料などの情報を入手しやすくなったことも、無化調の追い風になっていますね。

阪田：そうですね。意識の高い生産者の方々は、無化調には大きな存在です。生産者の方々の苦労、情熱に触れると「決して素材を無駄にしてはならない」と食材の大切さも身にしみます。

　読者の皆さんには、無化調ラーメンの裏側にある様々な人の情熱や苦労、そして「食」への想いを感じとっていただきたいですね。

お隣の韓国は「MSG FREE」先進国。「無化調」であることが消費者から強く求められています。「食」の現状を変えるには消費者が意識を変えないと

掲載店
ガイド情報

i n f o r m a t i o n

ピクトマークの見方

- **禁煙** 店内におけるタバコの禁煙状況について表しています。禁煙のほか、昼のみ禁煙、分煙などの場合もあります
- **子供可 イス有** 小学生以下の子供連れでの入店が可能な店や、入店可能な店で子供用のイスが用意してある店を表しています
- **車イス可** 車イスで入店ができ、食事が可能な店を表しています。ただし店がバリアフリーということではありません。トイレなどが車イスに対応していない店も含まれます。受け入れ体勢はまちまちですので、お出かけの際にはお店に確認していただくことをおすすめします

※これらのマークの掲載は、お店からのアンケートに基づいています

うさぎ

うさぎ

禁煙　子供可

東京都渋谷区神泉町8-13
京王井の頭線神泉駅より徒歩2分
☎03-3464-4111
11:30～15:00／18:00～23:00
休 日曜
席 カウンター11席
P なし

轍

わだち

禁煙　子供可　車イス可

東京都渋谷区神泉町2-9
京王井の頭線神泉駅より徒歩すぐ
☎03-3461-2088
11:30～14:30／
17:30～スープなくなり次第終了(20:30頃)
土11:30～15:00
休 日曜・祝日
席 カウンター10席　P なし
http://shinsen-wadachi.com/

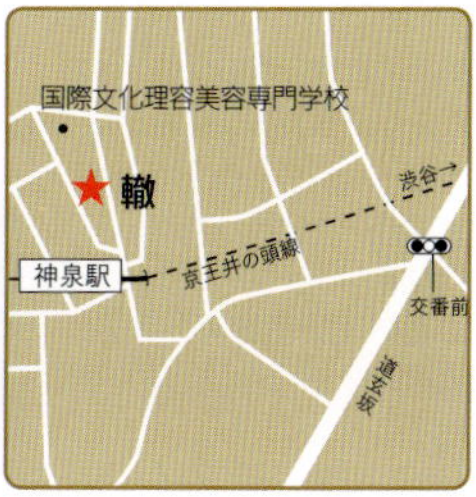

らーめん はやし

らーめんはやし

禁煙 子供可

東京都渋谷区道玄坂1-14-9
JR渋谷駅より徒歩5分
☎03-3770-9029
11:30～15:30
（スープなくなり次第終了）
休 日曜・祝日
席 カウンター10席
P なし

AFURI

あふり

禁煙 子供可

東京都渋谷区恵比寿1-1-7
JR恵比寿駅より徒歩3分
☎03-5795-0750
11:00～翌4:00
休 水曜
席 カウンター20席
P なし

嗟哉

あなや

禁煙 子供可

東京都渋谷区本町2-4-3 中音商事ビル1F
京王新線初台駅より徒歩3分
☎03-3375-8117
11:45～20:30
15:00～18:00の間で臨時休あり
（20:30～23:00は『ポークヌードル内藤』として営業）
休 日曜（土曜・祝日不定休あり）
席 カウンター11席 P なし

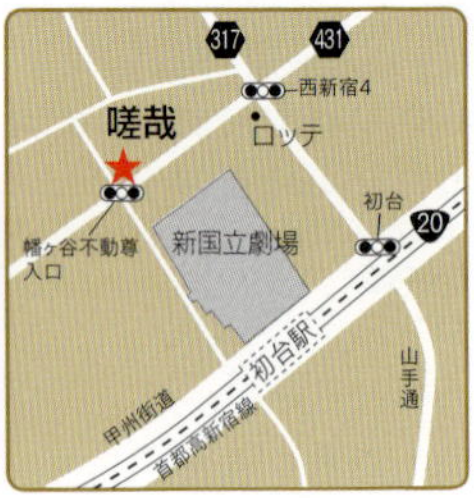

渡なべ

わたなべ

禁煙 子供可 車イス可

東京都新宿区高田馬場2-1-4
JR高田馬場駅より徒歩7分
☎03-3209-5615
11:00～20:00
休 無休
席 カウンター8席
P なし

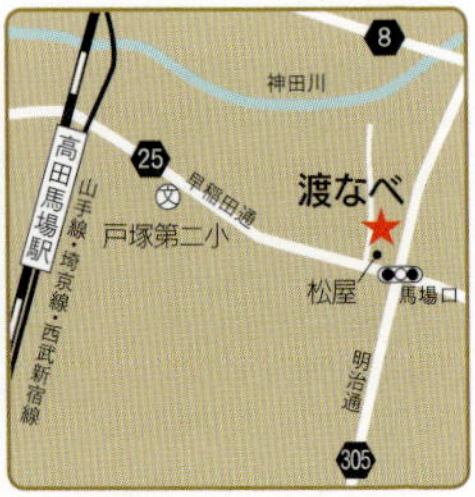

旬麺 しろ八

しゅんめんしろはち

禁煙　子供可　車イス可

東京都新宿区富久町18-5
東京メトロ丸の内線新宿御苑前駅より徒歩6分
☎03-3341-0207
11:30～15:00／17:00～21:00
土祝11:30～15:00のみ
休 日曜
席 カウンター8席
P なし

九段 斑鳩

くだんいかるが

禁煙　子供可　車イス可

東京都千代田区九段北1-9-12
東京メトロ東西線九段下駅徒歩5分
☎03-3239-2622
11:00～15:00／17:00～23:00
土祝11:00～16:30／
18:00～22:00
休 日曜　席 カウンター6席・テーブル12席　P なし
http://emen.jp/ikaruga/

麺屋武蔵青山

めんやむさしせいざん

禁煙　子供可　車イス可

東京都港区青山2-3-8
東京メトロ青山一丁目駅より徒歩5分
☎03-3796-8634
11:00～22:00頃
(スープなくなり次第終了)
休 無休
席 カウンター12席
P なし

ならさん

ならさん

子供可　車イス可

東京都世田谷区上馬2-22-2 セントヒルズ三軒茶屋1 F
東急田園都市線三軒茶屋駅より
徒歩10分
☎03-3412-8448
18:00か19:00頃～深夜
休 不定休
席 カウンター 8席・小上がり4席
P なし

季織亭

きおりてい

禁煙　子供可 イス有　車イス可

東京都世田谷区経堂2-5-14
小田急線経堂駅より徒歩4分
☎03-5477-2029
12:00～15:00／17:30～24:00
(売り切れ次第終了)
休 水曜
席 カウンター8席
P なし

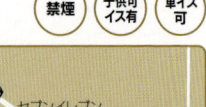

ばんや

ばんや

禁煙　子供可　車イス可

東京都世田谷区松原3-29-22
京王線下高井戸駅より徒歩1分
☎03-3323-1650
11:30～22:00(L.O. 21:50)
休 水曜(不定休あり)
席 カウンター12席
P なし

アイバンラーメン

あいばんらーめん

禁煙　子供可　車イス可

東京都世田谷区南烏山3-24-7
京王線芦花公園駅より徒歩2分
☎03-6750-5540
11:30～14:30／17:30～22:30
土日祝11:30～17:30
休 水曜·第4火曜
席 カウンター10席　P なし
http://www.ivanramen.com/

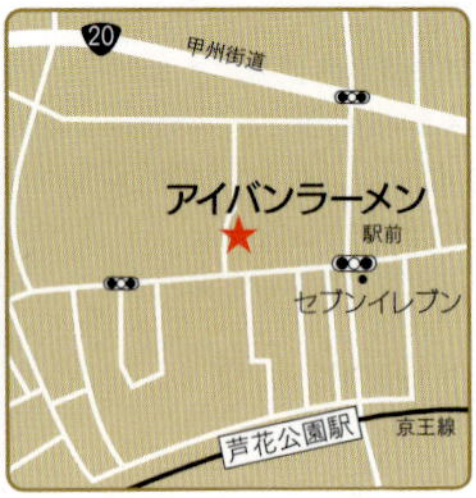

いちばんや

いちばんや

禁煙　子供可

東京都目黒区自由が丘1-12-3
東急東横線·大井町線自由が丘駅
より徒歩すぐ
☎03-5701-5138
11:30～23:30
(スープがなくなり次第終了)
休 月曜(祝日の場合は翌日休)
席 カウンター13席　P なし
http://www.jiyugaoka-ichibanya.com/

桃桜林

とうおうりん

分煙　子供可

東京都品川区中延6-9-7
東急大井町線中延駅より徒歩5分
☎03-3781-2988
18:30～麺なくなり次第終了
休 不定休（要電話確認）
席 カウンター10席
P なし
※静かにできない子どもは入店不可
http://www15.plala.or.jp/touourin/

Zoot

ずーと

禁煙　子供可

東京都大田区西蒲田7-42-7
JR京浜東北線蒲田駅より徒歩5分
☎03-3730-1777
11:30～15:00／17:00～21:00
日曜11:30～20:00
休 火曜
席 カウンター11席
P なし

美学屋

びがくや

禁煙　子供可　車イス可

東京都江東区東陽3-17-14
サンイーストビル1F
東京メトロ東西線木場駅より徒歩3分
☎03-3699-4290
11:00～14:30／
18:00～スープなくなり次第終了
土11:00～スープなくなり次第終了
休 日曜・祝日
席 カウンター12席　P なし

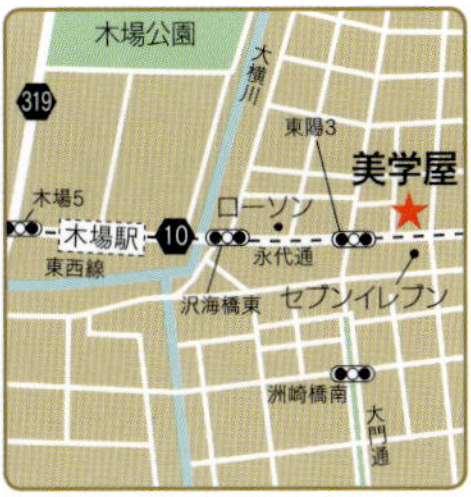

四川担担麺 阿吽

しせんたんたんめんあうん

禁煙　子供可 イス有　車イス可

東京都文京区湯島3-25-11
東京メトロ千代田線湯島駅より徒歩2分
☎03-3835-1796
11:00～14:00（土日～15:00）／
17:00～22:00（日～21:00）（L.O.）
休 月曜
席 カウンター9席・テーブル4席
P なし

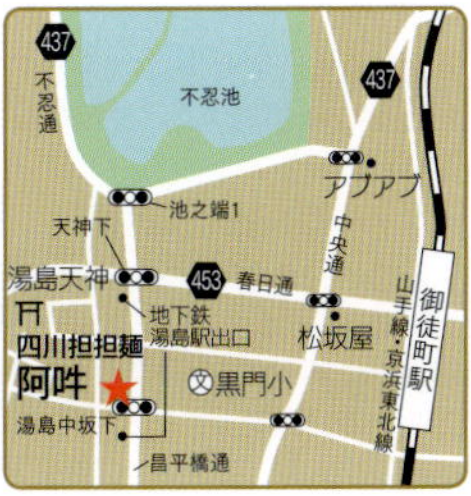

らーめん天神下 大喜

らーめんてんじんしただいき

子供可　車イス可

東京都文京区湯島3-47-2 白木ビル1 F
東京メトロ千代田線湯島駅より徒歩1分
☎03-3834-0348
11:30〜15:00／17:30〜22:00
祝11:30〜15:00のみ
休 日曜
席 カウンター11席・テーブル6席
P なし
http://www.daiki1999.com/

麺酒肴 梯子

めんしゅこうはしご

子供可

東京都豊島区長崎1-18-21 中谷ビル1F
西武池袋線椎名町駅より徒歩3分
☎03-3959-7739
19:00〜24:00
休 火曜
席 カウンター12席・小上がり6席
P なし
http://homepage1.nifty.com/Hiding-place/

十兵衛

じゅうべい

禁煙　子供可　車イス可

東京都練馬区石神井台3-24-39
西武池袋線大泉学園駅より徒歩10分
☎03-3995-3113
11:00〜14:30頃
土日祝11:00〜15:30頃
休 月曜
席 カウンター6席・テーブル8席
P 3台

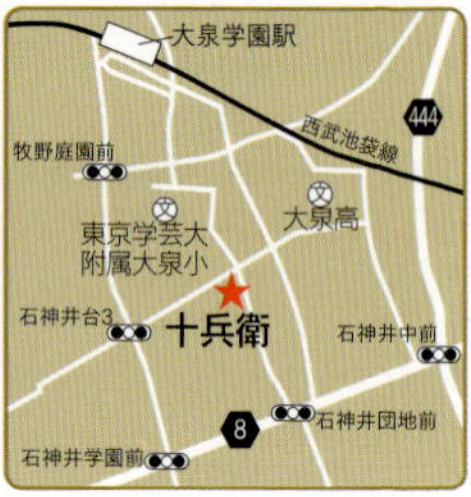

好楽

こうらく

子供可

東京都練馬区中村北1-11-16
西武池袋線・都営大江戸線練馬駅より徒歩7分
☎03-3998-3387
11:30〜14:00／18:00〜22:30
休 火曜（不定休あり）
席 カウンター4席・テーブル4席・小上がり8席
P なし

和風汁そば じゃんず

わふうしるそばじゃんず

禁煙 子供可 車イス可

東京都練馬区豊玉北4-21-3
西武池袋線・都営大江戸線練馬駅より徒歩8分
☎03-3557-0141
11:30～14:30／
17:00～20:00頃
(スープなくなり次第終了)
休 火曜・水曜
席 カウンター4席・テーブル10席
P なし

Rahmen Yahman

らはめんやまん

禁煙 子供可 車イス可

東京都練馬区栄町22-1
西武池袋線江古田駅より徒歩5分
☎03-3557-0703
11:00～20:00
(売り切れ次第終了)
休 木曜
席 カウンター9席
P なし

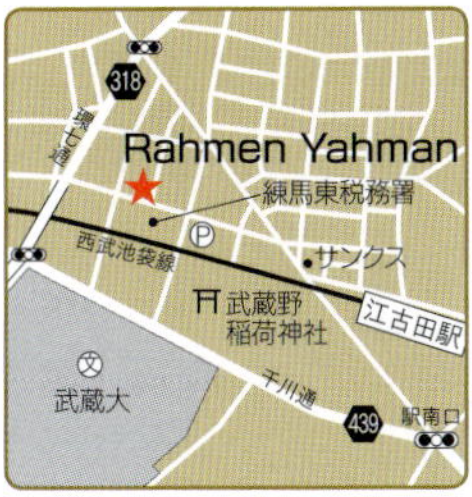

中華そば屋 伊藤

ちゅうかそばやいとう

昼のみ禁煙 子供可 車イス可

東京都北区豊島4-5-3
東京メトロ南北線王子神谷駅より徒歩15分
☎03-3913-2477
11:00～スープなくなり次第終了
休 月曜(祝日の場合は翌日休)
席 カウンター6席・テーブル6席
P なし

ら～麺 もぐや

ら～めんもぐや

昼のみ禁煙 子供可 車イス可

東京都葛飾区亀有5-15-14
JR常磐線亀有駅より徒歩2分
☎03-5682-0886
11:30～14:30／18:00～23:30
休 月曜
席 カウンター6席・テーブル6席
P なし

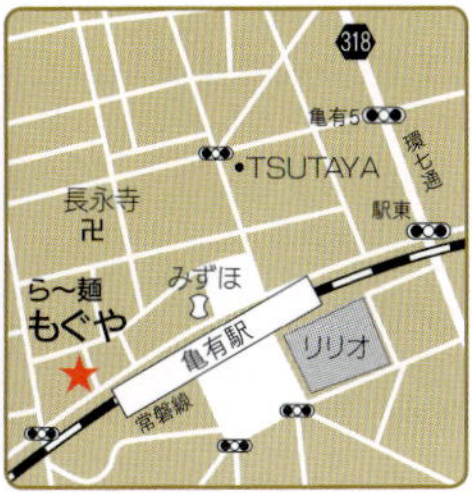

なか星《なかぼし》

子供可

東京都中野区上鷺宮5-8-8
西武新宿線下井草駅より徒歩6分
☎**03-5241-1102**
11:30～15:00／18:00～22:00
日祝12:00～15:00／
18:00～21:00
休 月曜
席 カウンター10席
P なし

麺や 七彩《めんやしちさい》

禁煙
子供可 イス有
車イス 可

東京都中野区鷺宮3-1-12
西武新宿線都立家政駅より徒歩3分
☎**03-3330-9266**
11:30～17:00頃
(売り切れ次第終了)
休 火曜
席 カウンター10席
P なし
http://rar.bz/

好日《こうじつ》

禁煙
子供可 イス有
車イス 可

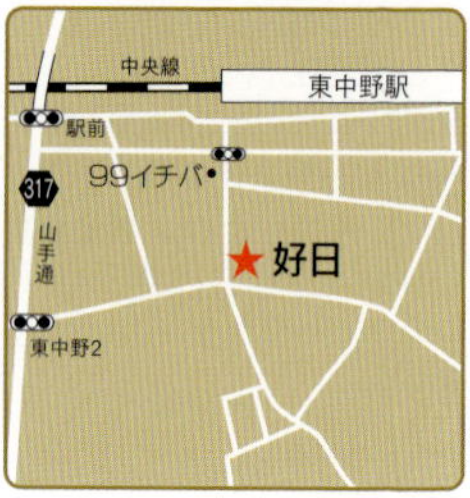

東京都中野区東中野1-53-7
JR総武線・都営大江戸線東中野駅より徒歩1分
☎**03-3369-5914**
11:30～14:30／18:00～21:00
(スープなくなり次第終了)
休 日曜
席 テーブル22席
P なし

らあめん ひら石《らあめんひらいし》

子供可
車イス 可

東京都杉並区高円寺北3-22-8 大一市場内
JR中央線高円寺駅より徒歩2分
☎**03-3310-8922**
11:30～24:00
(スープなくなり次第終了)
休 月曜
席 カウンター11席
P なし

旅の途中

たびのとちゅう

禁煙　子供可　車イス可

東京都杉並区高円寺南3-16-21　ビレッヂサカエ1F
東京メトロ丸の内線新高円寺駅より徒歩6分
☎ 非公開
12:00～21:00(土日祝～19:00)
(売り切れ次第終了)
休 月曜
席 カウンター6席
P なし
http://www.tabinotochu.com

我流旨味ソバ 地雷源

がりゅううまみそばじらいげん

禁煙　子供可　車イス可

東京都杉並区和泉1-39-10
東京メトロ丸の内線方南町駅より徒歩10分
☎03-3325-1287
12:00～15:00／18:00～22:30
(L.O. 22:15)
休 金曜
席 カウンター7席
P なし
http://www.jiraigen.com

おきなわすば 首里製麺

おきなわそばしゅりせいめん

禁煙　子供可 イス有

東京都杉並区和泉1-3-16
京王線代田橋駅より徒歩5分
☎03-3324-7861
11:30～14:30(L.O.)／
18:00～22:30(L.O.)
土日祝11:30～22:30(L.O.)
休 水曜
席 カウンター6席・外側2席
P 1台(共有)

ラーメン専門 くぼ田

らーめんせんもんくぼた

子供可　車イス可

東京都西東京市保谷町3-8-8
西武新宿線西武柳沢駅より徒歩3分
☎042-460-7651
11:30～14:30／17:30～20:30
(スープなくなり次第終了)
休 火曜・第3月曜
席 カウンター5席
P なし

一二三《ひふみ》

禁煙 子供可

東京都武蔵野市吉祥寺北町1-10-22
JR中央線吉祥寺駅より徒歩10分
☎0422-21-0919
12:00～19:00
土日祝12:00～15:00／17:00～19:00
(売り切れ次第終了)
休 火曜(不定休あり)
席 カウンター12席
P なし

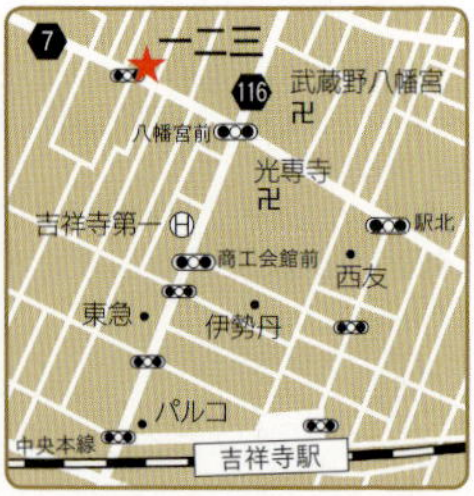

手打ち中国麺 なにや《てうちちゅうごくめんなにや》

分煙 子供可 車イス可

東京都小平市学園西町1-26-25
西武多摩湖線一橋学園駅より徒歩3分
☎042-342-2929
11:30～麺なくなり次第終了
(CO_2削減のため夕方頃閉店)
休 月曜
席 カウンター15席
P 5台

中華そば 勇次《ちゅうかそばゆうじ》

禁煙 車イス可

東京都町田市金井2-3-25
JR・小田急線町田駅より神奈川中央バスにて
金井小学校入口停留所下車、徒歩5分
☎090-4596-6121
11:30～15:00(早じまいあり)
休 月曜(祝日の場合は翌日休)・
金曜(祝日の場合は営業)
席 カウンター4席、テーブル14席 P なし
※8歳以下の子供入店不可

いつ樹《いつき》

禁煙 子供可イス有 車イス可

東京都羽村市五ノ神4-7-3
JR青梅線羽村駅より徒歩5分
☎042-519-4540
11:30～14:30／17:30～21:00
休 月曜(祝日の場合は翌日休)
席 カウンター12席
P 3台
http://blog.livedoor.jp/llo_oi/

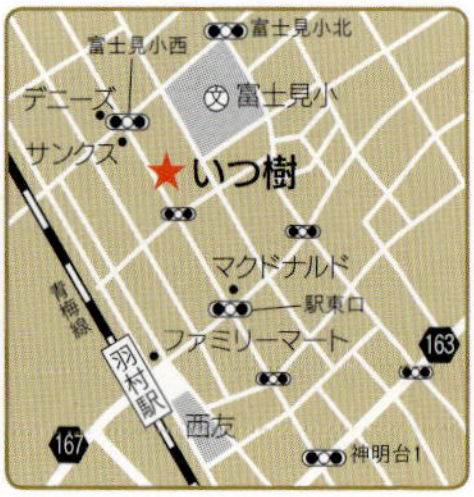

らーめん 三歩

らーめんさんぽ

禁煙 子供可

東京都稲城市大丸640-12
JR南武線稲城長沼駅より徒歩7分
☎042-378-0661
11:30〜14:00／17:00〜20:30頃
土日祝11:30〜14:30／16:30〜19:00頃
（スープなくなり次第終了）
休 月曜
席 カウンター6席・テーブル6席
P 2台

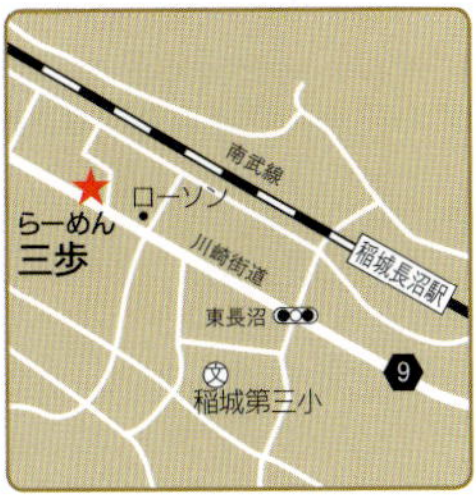

めん創 桜花

めんそうおうか

禁煙 子供可 車イス可

神奈川県横浜市神奈川区浦島町3-1
京急本線神奈川新町駅より徒歩6分
☎045-441-8078
11:30〜14:30／17:30〜20:00
土日祝11:30〜16:00
（スープなくなり次第終了）
休 火曜・第1月曜
席 カウンター6席・テーブル3席
P なし

中華そば しんの助

ちゅうかそばしんのすけ

禁煙 子供可 車イス可

神奈川県横浜市戸塚区戸塚町4701
JR戸塚駅より徒歩10分
☎045-871-6803
11:30〜14:30／18:00〜22:00
（スープなくなり次第終了）
休 火曜・第3月曜
席 カウンター7席・テーブル6席
P なし

七重の味の店 めじろ ［川崎BE店］

ななえのあじのみせめじろかわさきびーてん

禁煙 子供可 車イス可

神奈川県川崎市川崎区駅前本町26-1 川崎BE B1F
JR川崎駅すぐ
☎044-246-2157
11:00〜22:30
休 無休
席 カウンター19席
P 290台（共有）
http://www.mejiro24.com/

宗家一条流がんこ八代目分家 味輝拉

そうけいちじょうりゅうがんこはちだいめぶんけあきら

禁煙　子供可　車イス可

神奈川県川崎市高津区溝口1-12-10　ウェストキャニオンビル1F
東急田園都市線溝の口駅より徒歩3分

☎044-812-5488

11:30〜23:00
日祝11:30〜20:00
休 月曜、第1火曜
席 カウンター10席
P なし

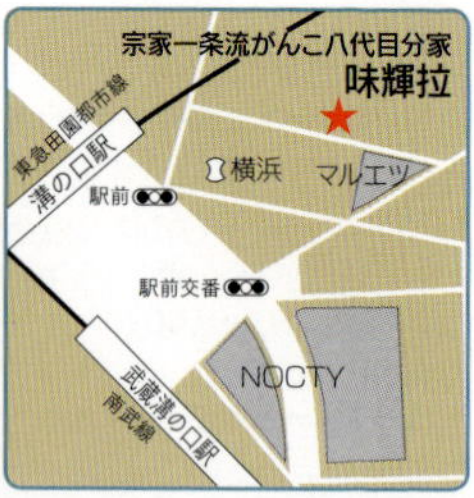

支那そばの里

しなそばのさと

子供可

神奈川県相模原市田名4836
JR相模線上溝駅より車で10分

☎042-761-0919

17:00〜23:00
休 月曜、第3月曜・火曜
席 カウンター11席・小上がり26席
P 20台(共有)

イツワ製麺所食堂

いつわせいめんじょしょくどう

禁煙　子供可 イス有　車イス可

神奈川県横須賀市森崎1-1-9
京急久里浜線北久里浜より
徒歩10分

☎046-837-1467

11:30〜14:30
土日祝11:30〜15:30
休 月曜(祝日の場合は翌日休)
席 カウンター7席・テーブル21席
P 3台

拉麺 能登山

らーめんのとやま

禁煙　子供可 イス有　車イス可

神奈川県藤沢市長後748
小田急江ノ島線長後駅より徒歩5分

☎0466-44-5099

11:30〜15:00／
17:30〜翌2:00
休 無休
席 カウンター10席・テーブル26席
P 8台
http://www2.tba.t-com.ne.jp/noto/noto/

麺家 Dragon Kitchen

めんやどらごんきっちん

子供可

神奈川県藤沢市白旗4-10-10
小田急江ノ島線善行駅より
徒歩13分

☎0466-83-6006

11:30～14:30／17:00～23:00
土日祝11:30～22:00
休 火曜
席 カウンター8席・テーブル16席
P 3台

らーめん 夢中

らーめんむちゅう

禁煙　子供可　車イス可

神奈川県藤沢市白旗3-13-28-101
小田急江ノ島線藤沢本町駅より
徒歩12分

☎0466-81-5043

11:30～14:30／17:00～21:00
休 月曜（祝日の場合は翌日休）
席 カウンター8席
P 3台

麺や食堂

めんやしょくどう

禁煙　子供可イス有　車イス可

神奈川県厚木市幸町9-6
小田急小田原線本厚木駅より
徒歩5分

☎046-228-3978

11:00～15:00／18:00～23:00
休 月曜
席 カウンター8席・テーブル10席
P 4台

海空土

かいくうど

禁煙　子供可イス有　車イス可

千葉県千葉市若葉区都賀の台4-5-15
JR総武本線都賀駅より徒歩8分

☎043-251-6117

11:30～21:30
休 火曜
席 カウンター9席・小上がり8席
P 2台

らー麺 にしかわ

らーめんにしかわ

禁煙　子供可　車イス可

千葉県千葉市緑区おゆみ野3-22-14
JR外房線鎌取駅より徒歩3分
☎043-293-5635
11:30～14:30／18:00～24:30
日曜11:30～14:30のみ
休 月曜
席 カウンター10席・テーブル4席
P 1台

麺家 樹幸

めんやじゅこう

禁煙　子供可 イス有

千葉県千葉市緑区あすみが丘8-27-5
JR外房線土気駅より徒歩20分
☎043-295-6761
11:30～15:00(L.O. 14:45)／
18:00～21:00(L.O. 20:45)
(材料なくなり次第終了)
休 火曜、第1･3･5月曜
席 カウンター6席･テーブル8席
P 7台

菜

さい

禁煙　子供可 イス有

千葉県市川市南八幡2-4-17
JR総武線本八幡駅より徒歩12分
☎ 非公開
11:00～15:00／18:00～20:00
休 月曜･火曜(月曜が祝日の場合は
特別メニューにて営業)
席 カウンター8席
P なし

麺屋 永吉

めんやえいきち

禁煙　子供可

千葉県浦安市北栄1-12-33
東京メトロ東西線浦安駅より徒歩2分
☎047-476-9656
11:45～14:20(土日祝～14:50)／
17:45～21:20(日祝～20:50)
17:45～21:20(火、第4水は夜のみ)
(スープなくなり次第終了)
休 月曜、第4火曜(月曜が祝日の場合は翌火、水)
席 カウンター5席　P なし　http://open2.sesames.jp/eikichi

博士ラーメン［本店別館］

はかせらーめんほんてんべっかん

禁煙　子供可イス有

千葉県鎌ケ谷市道野辺本町1-15-12
東武野田線鎌ヶ谷駅より徒歩2分
☎047-444-3212
11:30～23:00(L.O. 22:30)
休 無休
席 カウンター5席・テーブル16席
P 40台
http://www.hakase-info.com

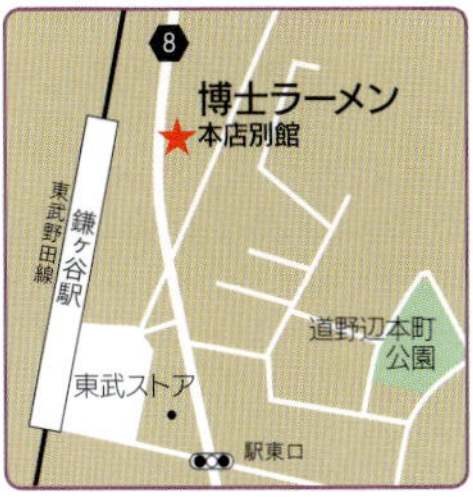

麺屋あらき 竈の番人

めんやあらきかまどのばんにん

禁煙　子供可　車イス可

千葉県船橋市本町2-3-3
JR総武線船橋駅より徒歩7分
☎047-433-2456
11:30～15:30／
18:00～24:00(L.O. 23:30)
土日11:30～24:00(L.O. 23:30)
(スープなくなり次第終了)
休 無休　席 カウンター8席
P なし(コインパーキングあり)

白河ラーメン みちのく

しらかわらーめんみちのく

子供可イス有　車イス可

千葉県木更津市清見台東2-2-1
JR内房線木更津駅より車で10分
☎0438-98-0663
11:00～14:00／17:00～20:00
日祝11:00～20:00
休 木曜・第3水曜
席 カウンター5席・テーブル8席・小上がり8席
P 5台

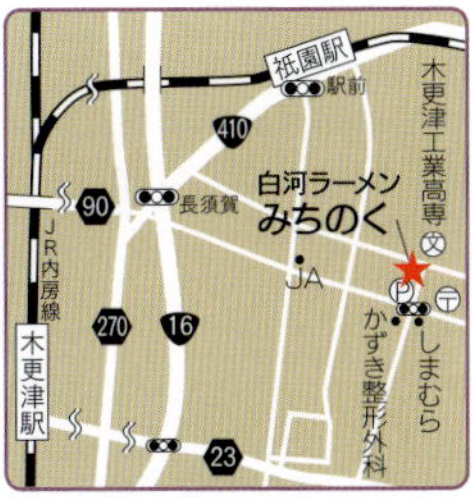

花キッチン

はなきっちん

禁煙　子供可イス有

千葉県山武郡大網白里町
南横川3284-3
JR外房線永田駅より車で5分
☎0475-73-7324
11:30～15:00／18:00～20:00
休 月曜・火曜(祝日の場合は営業)
席 テーブル16席
P 8台
http://www.h6.dion.ne.jp/~hana-ktc/

ラーメン みたけ

らーめんみたけ

禁煙 子供可 車イス可

千葉県山武郡大網白里町駒込444-6
JR外房線大網駅より徒歩3分
☎0475-73-7386
11:30〜14:30／18:00〜21:00
土日祝11:30〜21:00
休 火曜(祝日の場合は営業)、月曜不定休あり
席 カウンター12席
P 12台
http://www.mitake-net.com/

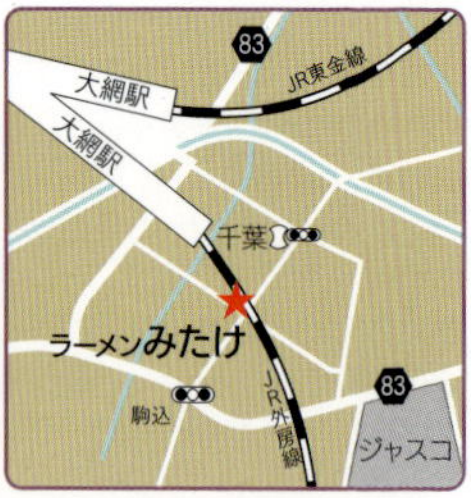

匠

たくみ

禁煙 子供可 イス有

埼玉県さいたま市浦和区仲町2-10-12
JR浦和駅より徒歩9分
☎048-831-0403
11:30〜14:30／17:00〜21:00
休 日曜･第3月曜
席 カウンター11席･小上がり12席
P なし

麺屋 六文銭

めんやろくもんせん

禁煙 子供可 イス有 車イス可

埼玉県さいたま市北区宮原町3-822-5
JR高崎線宮原駅より徒歩1分
☎048-653-3635
11:00〜21:00
休 日曜･祝日
席 カウンター8席･テーブル20席
P 4台

めんや 丸平

めんやまるへい

子供可 車イス可

埼玉県蕨市北町5-12-35
JR埼京線北戸田駅より徒歩20分
☎048-431-4988
11:00〜20:00
休 無休
席 カウンター6席･テーブル7席
P なし

麺匠 喜楽々《めんしょうきらら》

禁煙　子供可 イス有　車イス可

埼玉県川口市戸塚2-24-4
JR武蔵野線東川口駅より徒歩1分
☎048-298-8634
11:30～翌1:00
休 第3火曜
席 カウンター11席
P 3台

支那そば 一本気《しなそばいっぽんぎ》

禁煙　子供可

埼玉県富士見市西みずほ台3-11-10
東武東上線みずほ台駅より徒歩6分
☎049-254-0601
11:30～スープなくなり次第終了
休 水曜（祝日の場合は翌日休）
席 カウンター8席
P なし

燈の車《ひのくるま》

禁煙

埼玉県狭山市中央4-24-8
西武新宿線狭山市駅より徒歩10分
☎ 非公開
19:00～22:30
（スープなくなり次第終了）
休 水曜・木曜
席 カウンター9席
P 共有あり

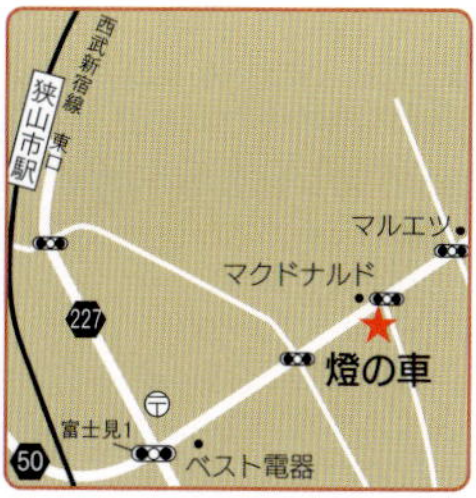

よし丸《よしまる》

禁煙　子供可 イス有　車イス可

埼玉県鶴ヶ島市南町3-1-12
関越自動車道鶴ヶ島インターより
車で10分
☎049-271-0414
11:00～15:00頃
（売り切れ次第終了）
休 日曜・月曜
席 カウンター14席・テーブル8席
P 3台

麺屋 信玄

めんやしんげん

子供可 イス有　車イス 可

埼玉県鶴ヶ島市新町3-1-21
東武越生線一本松駅より徒歩5分
☎049-271-2700
11:30〜15:00／17:00〜21:00
土日11:30〜21:00
休 木曜・第3水曜
席 カウンター12席
P 5台
http://shingen.sengoku-jidai.com

あぢとみ食堂［吹塚店］

あぢとみしょくどうふきづかてん

禁煙　子供可 イス有　車イス 可

埼玉県比企郡川島町吹塚793-2
関越自動車道松山インターより車で10分
☎049-297-2233
11:30〜18:30
水11:00〜16:00
(スープなくなり次第終了)
休 木曜
席 カウンター4席・テーブル20席
P 9台

和風ラーメン 大家

わふうらーめんたいけ

昼のみ 禁煙　子供可　車イス 可

埼玉県比企郡滑川町月輪1521-17
東武東上線つきのわ駅より徒歩15分
☎0493-62-9123
11:00〜14:30(土日祝〜15:00)／
17:00〜21:00
(スープなくなり次第終了)
休 月曜(祝日の場合は翌日休)
席 カウンター9席・小上がり12席
P 17台

※各店のデータは2008年5月現在のものです。これ以後の、営業時間や定休日等の変更に関して、お店より変更・訂正の情報が寄せられた場合には、弊社ホームページにて随時お知らせいたします。

おわりに

アドバイザー
阪田博昭

『MSG FREE』。この言葉を覚えてほしい。すぐ隣の韓国では、すでにカップラーメンを含むインスタントラーメンやスナック菓子など、様々な食品に表記され、その意識は一般消費者にまで浸透している。「MSG（モノ　ソデュウム　グルタメイト）」とはグルタミン酸ーナトリウム、いわゆる「グルソ（グルタミン酸ソーダ）」のこと。これを使用していない食品に、冒頭の表記がある。日本でも、この「MSG FREE」ラーメンを提供しているラーメン店舗が非常に増え、「グルソを使わなくても美味しいラーメンは作ることができる」というコンセプトは、共通認識となりつつある。また本書は、恐怖感のみを消費者に植え付けるような攻撃的な内容ではなく、「無化調は楽しい」や、「無化調は美味しい」ということをストレートに伝えられる内容にまとめることができた。現在、無化調生活をしている人も、そうでない人も、この本をきっかけに「無化調ラーメン」の楽しさや、美味しさを是非実感してもらいたい。

PROFILE

自他ともに認める食材マニア。「体に悪くない食べ物」というコンセプトで、各種飲食店を「無化調」スタイルにてプロデュースしている。全国各地の生産者を訪ね歩きながら、「食医」を目指して日々勉強中。『麺や七彩』店主。

取材・執筆・撮影
はんつ遠藤

無化調店の共通項。それは「本物の輝き」。あえて化学調味料に頼らず、食材を駆使して、真剣にラーメンと向き合う姿は、苦労よりも輝きだった。「食の安全」が声高に叫ばれる昨今。正面から食材を吟味する彼らは、本物が何かを分かっているのだろう。取材を終えて特に感じたのは他の有名店と比較して無化調だから原価が高いという訳ではない点。良い食材や調味料を用いれば、少ない量で味が出る、そんな意見も聞かれた。断っておくが僕は無化調至上主義者ではない。入れすぎはマズいけれど、少量なら構わないというスタンスだ。でも無化調店には噂の厳選調味料や驚愕の食材などが溢れていた。しかもそこにいるのは、まるで宝石や玉手箱を触るが如く嬉しそうにそれらを手に取り、話し出す店主達。純粋に、楽しかった。無化調だから偉いんじゃない、無化調だから面白い。それに気づかせてくれた幹書房さん、阪田博昭さん、ありがとうございます。そしてこの気持ちをぜひ皆さんにも。

PROFILE

1966年生まれ。早稲田大学卒業後、海外旅行雑誌の記者を経てフードジャーナリストへ。日本や世界23カ国の料理を追求している。特にラーメン店取材は4500軒以上。他のご当地麺料理やデパ地下なども造詣が深い。

無化調ラーメンMAP
東京・神奈川・千葉・埼玉

2008年6月25日　初版第一刷発行

取材・執筆・撮影：はんつ遠藤

アドバイザー：阪田 博昭

アートディレクション：伊東 岳美

地図製作：田辺 桂

協力：掲載店各位

発行人：関 泰邦

発　行：有限会社 幹書房

〒330-0064 さいたま市浦和区岸町6-5-22-101

TEL 048-833-6999　FAX 048-833-7080

mail@mikishobou.com

http://www.mikishobou.com/

印刷・製本：株式会社 TBSサービス

ISBN978-4-902615-40-1 C0076 ¥952E